首都圏「道の駅」ぶらり半日旅

浅井佑一

ワニブックス
|PLUS|新書

はじめに

無性にドライブがしたくなるときがある。知らない土地に行けば新しい発見があり、家や近所では味わえない非日常感を味わえるからだろうか。

私は10代後半で車の魅力に目覚め、20代前半からキャンピングカー雑誌の編集部で働くことになった。キャンピングカーの試乗記事や旅の取材で車を運転して遠出することが多く、その頃から「道の駅」を利用していた。

道の駅の制度が始まったのは１９９３年4月のこと。24時間出入りできる駐車場があって、トイレも24時間対応。運転の疲れを癒す休憩場所としてもってこいだった。それまでは一般道にはなかったサービスエリアのような場所として、全国１０３カ所からスタートしたというわけだ。これは、私が車雑誌の取材でほうぼう行く時期とぴたりと重なる。ごく自然な流れで道の駅を頻繁に利用するようになったというわけだ。とはいえ最初のうちはトイレ休憩に寄るくらいで、「売店が併設されていて便利だな〜」といった印象に過ぎなかった。

しかし、瞬く間にその数は増え、1999年には登録数が500カ所を数え、スタートから20年後の2013年には、全国の登録数が1000カ所を超えるまでに成長。単なる休憩場所ではなく、地域性や独自性を出すようになり、農産物直売所が充実しているところがニュースになり、特に「道の駅グルメ」は大きな話題を呼んだ。

道の駅を周遊しながらグルメを満喫するバスツアーなどが企画されるようになり、知名度も人気も急上昇。道の駅が単なるドライブの休憩場所ではなく、わざわざ行くための〝目的地〟として注目され始めたのである。

いっぽう、私は昔から「キャンピングカーで日本中を旅したい」という夢があった。その目的のためには、道の駅の存在はとても魅力的に感じられたのは言うまでもない。なぜなら、車中泊をしながら道の駅をすべて巡れば、自然と日本一周が達成されるからである（笑）。全国制覇挑戦を宣言すると、付き合いのあったメーカーが車を貸してくれ、嬉しいことに雑誌の連載も決まった。そんなこともあって、その当時の1014カ所の道の駅走破を目指して、キャンピングカーで車中泊しながらの旅に出たのが、2014年3月。いまから約5年前のことである。

海沿いにある道の駅、山の中にある道の駅、遊園地を併設する道の駅、温泉がある道の駅、ショッピングモールのような道の駅など、バラエティーに富んだ道の駅との出会いは新鮮で、1カ所ごとに新しい発見があった。茨城県の「日立おさかなセンター」の味勝手丼は行くたびに食べたくなるうまさだし、かけ流しの源泉でじんわりと温まる長野県の「信州蔦木宿」の温泉は大のお気に入りだ。

道の駅にはその地域の素晴らしい食材が集まる。農産物直売所には地元の農家の人が朝採れ野菜を軽トラックで運んでくるし、魚市場を併設する道の駅では新鮮な魚介類が東京では考えられないような安さで並んでいる。最近はジビエを売りにしている道の駅もあり、地元の特産品を加工して地域おこしをしているところもある。まさに、「おいしい」出会いは、道の駅巡りの鉄板コース。その土地のグルメを知りたければ道の駅を訪ねればいいといっても過言ではない。

また道の駅の役割のひとつとして地域の情報発信が挙げられる。いまはネットで何でも情報が入ると思われがちだが、やはり現地に行ってみないと分からないことは多い。道の駅に向かうドライブで、景色や季節の移ろいを楽しむことも重要。ちなみに温泉付きの道の駅は130カ所以上もあり、私は70カ所以上の湯に浸かっている。運転後、明るいうちに温泉にザブンと浸かり、地元グルメに舌鼓…もう最高だ。

私の道の駅巡りは断続的に続いたが、キャンピングカーに乗って全国津々浦々。2年以上かけて1059カ所を回り、2016年に全国制覇の認定を受けた。あのときの達成感は忘れることができない。光栄なことに、テレビ・ラジオ出演や新聞などに取り上げていただく機会も増えた。

ここまで長々と道の駅巡りについて話したが、泊りがけの旅はなかなかハードルが高いのではなかろうか。月曜からは激務が待っている勤め人の週末ドライバーならなおさらである。そんな人でもおすすめなのが、休日の半分を使う「道の駅ぶらり旅」。

本書では、私が実際に訪ねた1082カ所の道の駅の中から、東京、神奈川、埼玉、千葉、茨城、群馬、栃木、山梨、静岡、長野にある選りすぐり50カ所をピックアップ。厳密にいうと静岡、長野は首都圏には含まれないようだが、今回は東京を中心に半日で行って帰ってこれる場所を〝首都圏〟とあえて設定させてもらっている。グルメ、絶景、温泉、体験など日帰り旅で楽しめるスポットを、私の旅行記とともに、あくまで個人的な独断で選んで紹介した。

皆さんにはその日の気分によって東へ西へ、気ままにぶらりとドライブを楽しんでもらいたいと思う。ご当地牛のステーキを食べて、食後のデザートはまた別の道の駅へ。そしてお土産はまた違う道の駅でなんていうはしごだっていい。それこそ道の駅の数だけ楽しみ方があるといえるのである。

道の駅を好きになるということは、その土地を好きになること。新たな発見とともに、第2、第3の故郷を探すお気軽小旅行に出かけてみてはどうだろうか。

首都圏「道の駅」ぶらり半日旅

目次

第1章

千葉エリア

海の幸と山の幸に舌鼓

Contents

第2章 茨城・栃木エリア 観光地化した人気スポット多数

第5章 神奈川・山梨エリア 道の駅のはしごも楽しい

Contents

第6章 静岡エリア 富士を仰ぎ、太平洋を望む交歓エリア

道の駅紹介データの使い方

本書に記載されている情報は、平成31年３月までの調査と取材にもとづきます。その後、情報内容が変更されている場合もございますので、あらかじめご了承ください。また価格表示について税別表記のないものは、税込み価格となります。

1 ― ⑪ 日立おさかなセンター ― 2

3 ― （施設ピクトグラム）

4 ― 住所 茨城県日立市みなと町5779-24
5 ― 電話 0294-54-0833
6 ― 駐車台数 普通車用78台
大型車用５台
障害者用７台

主な施設
7 ― ■第一おさかなセンター（営9時～18時 休テナント店舗により異なる）
■JA常陸直売所（営9時～18時 休水曜）

1 **紹介番号**：本書内での紹介番号。各章扉の地図上に、道の駅の当該番号がピンで記されているので、大まかな位置が把握できます。
2 **道の駅の名称**
3 **施設の有無**：ピクトグラムの意味は下図を参照。
4 **所在地**
5 **電話番号**
6 **駐車場詳細**：「普通車」「大型車」「障害者用」それぞれの台数を表記しています。
7 **主な施設紹介**：売店、レストラン、体験施設の営＝営業時間、休＝休み、備＝備考、料＝料金を紹介。

※記載内容は季節やリニューアル期間など、事情により変更となる場合があります。

施設ピクトグラム一覧

- …ショップ
- …お食事処
- …博物館・美術館など
- …展望台
- …体験施設
- …案内人常駐観光案内所
- …ドッグラン
- …足湯
- …入浴施設（温泉は含まない）
- …温泉

第1章

海の幸と山の幸に舌鼓

千葉エリア

各章扉の地図は、国土地理院の国土数値情報を活用し作成したものです

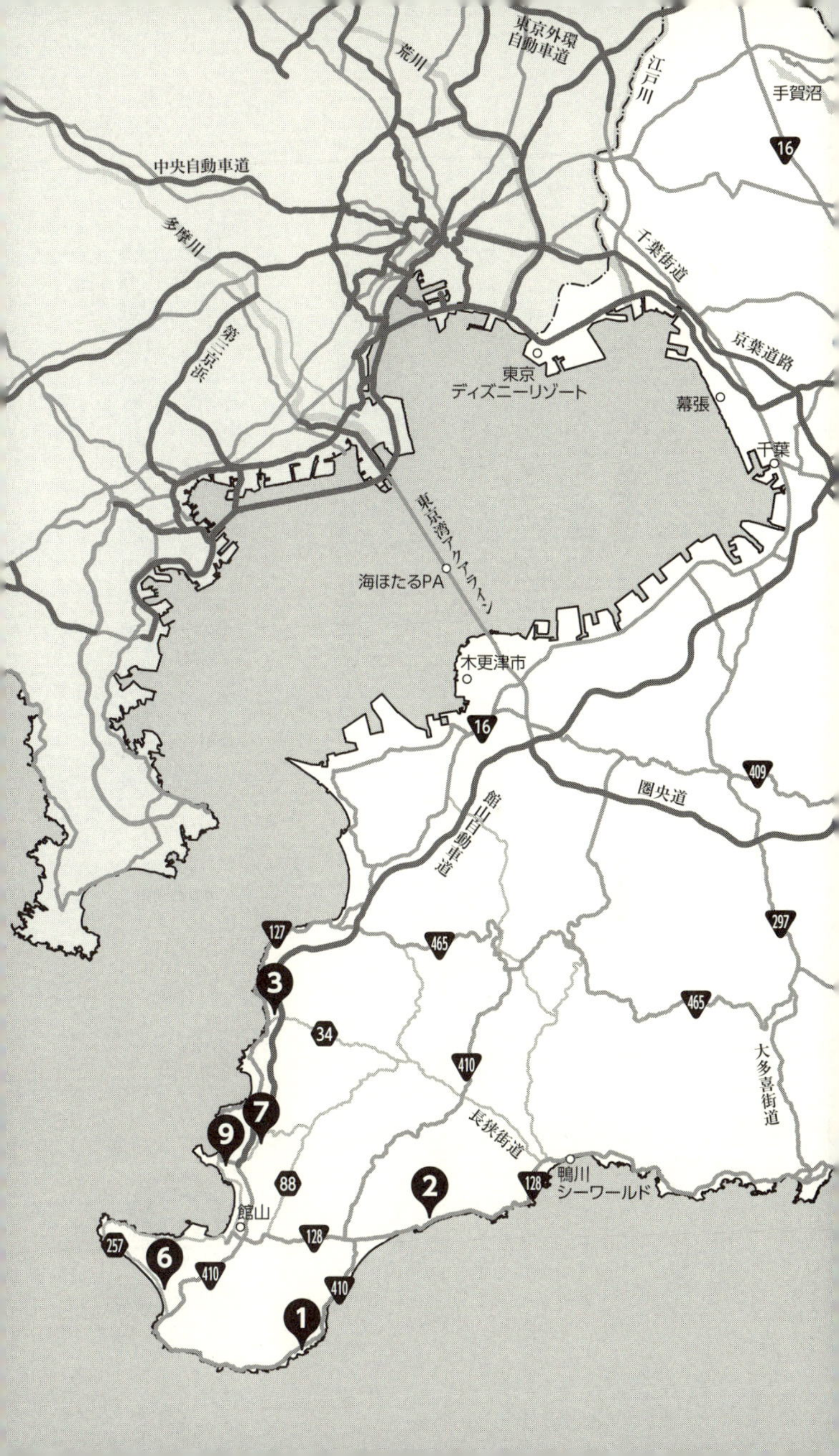

荒川
東京外環自動車道
江戸川
手賀沼
16
中央自動車道
多摩川
千葉街道
第三京浜
京葉道路
東京
ディズニーリゾート
幕張
千葉
東京湾アクアライン
海ほたるPA
木更津市
16
409
圏央道
館山自動車道
297
127
465
465
3
34
410
大多喜街道
7
9
長狭街道
鴨川
シーワールド
128
2
88
館山
128
257
6
410
410
1

1 ちくら・潮《しお》風《かぜ》王《おう》国《こく》

空腹で訪れ、いけすで泳ぐ新鮮魚介を食すべし！

千葉県
南房総市

グルメ

芝生広場の緑と青い空。漁船に乗り込んでデッキから海岸線を望むと、潮の香りを含んだ風が吹き抜ける——道の駅「ちくら・潮風王国」は、そんな気持ちのいい場所だ。

春の房総フラワーラインを館山から千倉方面へ。房総半島最南端にある野島崎灯台を抜けて、県道257号線へ入ると、沿道には花畑が広がり、花摘みをする人が増えてくる。春の訪れを実感できるのどかな風景だ。

景色が海に変わり漁師町を通り過ぎると右側に駐車場が見えきた。海に面している細長い敷地に、建造物。ここが目的の道の駅だ。

道路を挟んだ向かいには、近隣でも大きな花畑「千田の花畑」があり、混雑していた。お祭りの露天のような花屋が軒を連ねて店を出していて、区画された畑エリアでは1月

豪快極まりないフカヒレの展示。珍しいマンボウが店頭に並ぶことも。

から3月にかけて菜の花、ポピー、ストック、キンセンカ、金魚草、矢車草などの花摘みを楽しむことができる。

前にポピーの花摘みをしたことがあるが、家に持って帰ってもいつまでも元気だった。花畑で教えてもらった水の中で茎を斜めに切る水切りの方法がよかったのかもしれない。

駐車場は県道寄りにあるのだが、あまり広くない。建物から一番離れたところに車を停める。ここは少しスペースが広く停めやすい。建物まで少し歩くことになるが、心地よい潮風を受けながら芝生の広場を歩くのは爽快だ。

広場の芝生スペースは約2000坪もあり、途中には屋根付きのベンチもある。ここで海を眺めながらお弁当を広げるのも気持ちいい。海際も遊歩道になっていて、海を横目に見ながら歩くのもいい。

建物に向かっていたが、それよりインパクトがあるのが、じゃぶじゃぶ池の向こうに見える漁船だ。サバ・サンマ漁に使われていた70トンクラスの漁船「第一千倉丸」のレプリカだ。

船はブリッジの上まで登れば、そこから海を眺めることもできる。目の前の海岸は千田海岸で、干潮時には岩場が顔を出し、自然観察にぴったりの潮だまりができるところだ。この日も子供連れのファミリーが遊んでいた。

かつては、この大きさの漁船が100隻近く近海に漁に出て、サバやサンマを獲っていたという。現在、漁港にそこまでの勢いはないが、小型船による沿岸漁業や水産加工業は今も盛んだ。

館内中央にあるいけすでは地元千倉漁港で水揚げされた魚が泳ぐ。

細長い建物、潮風王国本館の中に入る。高い天井の館内で、ハッとするのは中央にある「いけす」だ。中を覗くと、タイやブリが泳いでいる。いけすの両側に店が並び、当然、いけすの中を泳ぐ活魚を購入可能。地元の東安房漁港が直営する店もあり、さまざまな魚介類が安い価格で手に入る。

活アワビやサザエなど南房総自慢の味覚を格安で購入できる。

おすすめを聞くと「アワビ、サザエがおいしいよ！」と威勢のいい声で答えが返ってきた。貝のいけすはまた別になっていて、見るとこちらもやはり安い。浜の値段というやつだろうか。

館内には海産物以外の店舗も入っている。カフェ、土産物店、アクセサリーのお店……変わったところでは、地元・千倉町在住のイラストレーター・山口マオ氏がプロデュースする海猫堂というギャラリー＆ショップがある。

とはいえ、ここで買い物をするなら、まずは魚だ

店内に掲げられたボードで各店舗のおすすめ商品を確認。見比べてみるといいだろう。

ろう。私は、悩んだ揚げ句、いけすから網でイサキを取ってもらったが、網の中でパシャパシャ跳ねる魚はいかにもおいしそうだ。ここへきたらきっと魚を買いたくなるだろうから、クーラーボックスや発泡スチロールは用意しておいたほうがいいかもしれない。活魚だけでなく干物や加工品を扱う店もあった。

それと、ここへは絶対に空腹タイムを調整して来るべきだ。獲れたてピチピチの海産物を食べなくては損だから。地元千倉の魚を使った料理が味わえるレストラン「旬膳はな房」では、窓越しに太平洋を眺めながら海鮮料理が堪能できるし、「市場食堂せん政水産」は鯨肉・くじらたれの老舗ハクダイ食品の直営食堂で、大きなアジフライを使った定食やくじら竜田揚げ定食が食べられる。

ちょっとつまみ食いをしたいならば、土日祝日のみ営業する「しおかぜコロッケハウス」もいい。サザエコロッケが名物で、揚げたてあつあつが食べられる。

私は「旬膳はな房」で『名物地魚のあら煮』を食べた。創業以来伝統のダシ汁で煮込んだカマや中落ちはほどよく味が染みていて絶品。1800円で3~4名分あるのでガッツリお得だ。先着限定となるのでお早めに。

海に面した道の駅で、広場もあるので天気の良い日はゆっくりとくつろげる。近くには千倉海岸をはじめとして海水浴場があるほか、千倉温泉があるので、道の駅グルメを楽しんだあとは、遊びも温泉も周辺エリアで楽しめる。

1 ちくら・潮風王国

住所 千葉県南房総市千倉町千田1051
電話 0470-43-1811
駐車台数 普通車用170台
大型車用10台
障害者用２台

主な施設
- 物産センター（営9時～17時 休水曜［1～3月と夏休みは無休］）
- 海藻つなぎのそば和らぎ（営11時～17時 休不定休）

2

和《わ》田《だ》浦《うら》W《わ》A・O《お》!

捕鯨の町はシロナガスクジラがお出迎え

千葉県
南房総市

グルメ

捕鯨が国際的な政治問題となって久しい。複雑な問題であるのでここで何かを語ることはしないが、日本のいくつかの漁港では沿岸漁業の一部として伝統的に捕鯨が行われていて、厳しい規制の下、現在も継続しているのは事実だ。和田漁港は、関東唯一の捕鯨基地で、夏の漁期にツチクジラを捕獲している。

道の駅「和田浦ＷＡ・Ｏ！」は、「たべ　ある　くじら」をキャッチフレーズに、クジラとともに生きてきた町の文化を発信している。

東京方面からだと館山自動車道を通り、富津館山道路・富浦ＩＣへ。国道１２７号を経由して国道１２８号へと向かう。反対の鴨川方面から来る場合も国道１２８号を海沿いに走る。国道脇に可愛いクジラのイラストが描いてある看板が道の駅の目印だ。

和田浦WA・O!の一番のシンボル。見上げるほどの大きさの全身骨格は圧巻。

国道から道の駅方面へ入ると、遠くに白いオブジェのようなものが見える。近づいて行くとそれが魚の骨のようなものだと気づく。さらに近づくにつれて、その大きさに驚くはずだ。

巨大な骨の脇を抜けて駐車場に車を停め、歩いて戻る。そこで改めて骨を見上げることになる。全長26メートル、推定体重106トン。地球上に現存する生き物の中で最大の大きさであるシロナガスクジラの全身骨格である。

大きな上下の顎があり、尾びれに向かって背骨が弓なりに伸びている。1880年代にノルウェー北部で捕獲されたものを複製して展示したものだ。全身骨格の前にはテーブルとイスがあって休憩できるようになっている。頭の前あたりに置いてあるウッドデッキは記念写真を撮るときに使うためのものだろう。確かにこれは写真映えする。

　南房総市では約４００年前に捕鯨が始まったといわれている。クジラは江戸時代から庶民の味として親しまれてきたもので、その伝統について、資料を展示するとともに、食堂のメニューや直売所の商品としてもクジラを扱っている。

　道の駅はもともと和田町庁舎だった跡地に建てられた。和田町は２００６年に周辺の町村（富浦町、富山町、三芳村、丸山町、千倉町、白浜町）と合併して南房総市となった。道の駅は内房線の和田浦駅にも面している。鉄道駅と道の駅が同じ場所にあるというのは、意外と珍しいことだ。

　周辺には小さいながらも漁師町らしい雰囲気が漂っている。近くにはハイキングコースとして整備された花嫁街道もある。山あいの集落と海辺の集落との交流道だったとこ

シロナガスクジラのかわいらしいイラストが書いてある看板が道の駅の目印だ。

ろで、花嫁行列もここを通ったことから名付けられた道だ。そんな歴史の残る界隈を散策することができるのだ。

ほかにも和田浦の街並を楽しむウォーキングイベントも開催されている。詳しい情報は道の駅で観光情報を発信している「ＷＡ・Ｏ！アトリウム」で得られる。

「食事処 和田浜」の人気メニューである和田浜特製くじら丼は圧倒的なボリューム。

ＷＡ・Ｏ！アトリウムの高い天井を見上げると、派手な色をしたクジラが宙空を飛んでいる。道の駅のシンボルの「万《ま》祝《いわい》くじら」である。万祝とは、漁師が着る晴れ着。大漁、クジラ、などの文字が躍る大漁旗のような和服の一種で、祝いの着物だ。そんな晴れがましい格好をしたクジラが吊り下げられているのだ。

道の駅から約1キロのところに、ツチクジラの捕鯨が行われている和田漁港がある。「食事処 和田浜」

鯨を素材に使ったものだけでも刺身、カツ、竜田揚げなどメニューが豊富である。

では毎朝漁港に水揚げされる魚介類を仕入れている。新鮮なアジやイサキなどの地魚料理が食べられるのはもちろん、和田浦名産のクジラ料理も提供している。

クジラの刺身、竜田揚げ、カツをひとつの丼に詰め込んだボリューム満点の「和田浜特製くじら丼」は、必ず食べておきたい人気メニュー。また、「くじらカツカレー」やクジラの缶詰にご飯とみそ汁を添えた「くじら缶詰そのまんまランチ」などもある。珍しいところでは、ほかではなかなか口にすることが難しいクジラの刺身も食べられる。

私の頃にはなかったのだが、少し上の世代の人から、「学校給食にクジラが出た」という話を聞いたことがある。そんな人たちにとっては懐かしい「くじら給食」なるメニューもある。クジラの竜田揚げにカツ、さらにコッペパンとスープ、瓶入りの牛乳が付く。

「くじらのたれ」もおすすめだ。薄切りにしたクジラの赤身肉を味付けして乾燥させたもの。噛むほどに味が出てくる南房総に伝わる珍味だ。

もちろん、クジラの加工食品は直売所でも取り扱う。「くじらのたれ」「ジャーキー」「鯨ハム」のほか、冷凍食品や缶詰など、種類は豊富。もはやクジラ好きの聖地と言っていい。

後日、グーグルマップで和田浦WA・O!を検索してみた。マップのモードを航空写真に切り替えて拡大すると、そこには建物の大きさにも負けないシロナガスクジラの全身骨格が写っていた。道の駅では見ることができない、上から見るシロナガスクジラも面白い。

② 和田浦WA・O!

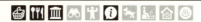

住所 千葉県南房総市和田町仁我浦243
電話 0470-47-3100
駐車台数 普通車用112台
大型車用７台
障害者用３台

主な施設
- みなみや（営9時～18時 休不定休）
- わだい処「和田浜」（営10時～18時［LO17時30分］ 休不定休）

3

保《ほ》田《た》小《しょう》学《がっ》校《こう》

廃校施設でタイムスリップ気分を満喫!?

千葉県
鋸南町

体験

小学生の頃、夏休みに学校の教室に泊まるイベントがあった。「真夏の夜を楽しむ会」といった名前だったと思う。きもだめしやスイカ割りをしたのを覚えている。

思い出としては、「異常なほど楽しかった」という印象なのだが、今思うといつもは明るくにぎやかな教室が夜の暗さのせいで怖かった。いつも使っている教室に〝泊まる〟という非日常感に興奮したのだろう。

正直に言えば、そんなことはすっかり忘れていたのだが、この道の駅を知って思い出した。そして、ぜひもう一度教室に泊まるという体験をしてみたいと思った。それがここ、道の駅「保田小学校」だ。

ここは廃校になった小学校を再利用した道の駅で、元教室だったところに宿泊ができ

廃校になった小学校を利用した、宿泊施設のある道の駅は全国でも珍しい。

るのだ。

房総半島西側の千葉県鋸《きよ》南《なん》町にある保田小学校は、明治21年の開校。西郷隆盛が西南戦争で散った11年後だ。

それからたくさんの子供たちを見守り育ててきた学校だが、しだいに生徒数が減り、近隣の小学校と合併することが決定。２０１４年、惜しまれつつ閉校された。しかし、そこまで実に１２６年の歴史があった小学校である。地元では親、子、孫の３代が通う家庭もあった。その学校を壊してしまうのは忍びないと、リノベーションの道が検討された。その結果、２０１５年に道の駅として新たにオープンしたのだという。

東京からは館山自動車道を通り、富津館山道路・

鋸南保田ＩＣを降りる。降りてまっすぐ進むとすぐ目の前に見える。道の駅の入口になっている緩い坂を上がるとそこは元校庭を使った駐車場だ。

　車を停めて目の前の大きな建物を見上げると、そこはどうみても体育館である。元体育館は里山市場「きょなん楽市」になっている。体育館というか店内というかに入ると、広いスペースが広がる。何しろ天井が高い。体育館の天井にはよくボールが挟まっていたものだが、思わず透き間にボールがないかと探してしまった。広いスペースを活かして、地元の野菜から、加工品、お土産まで揃えていて、地域ナンバーワンの品揃えをうたっている。跳び箱の上に商品が置かれたりしていて、それを発見するのもまた楽しい。

　きょなん楽市入口の目の前には小学校らしく二宮金次郎像が建っていて、隣では「cafe

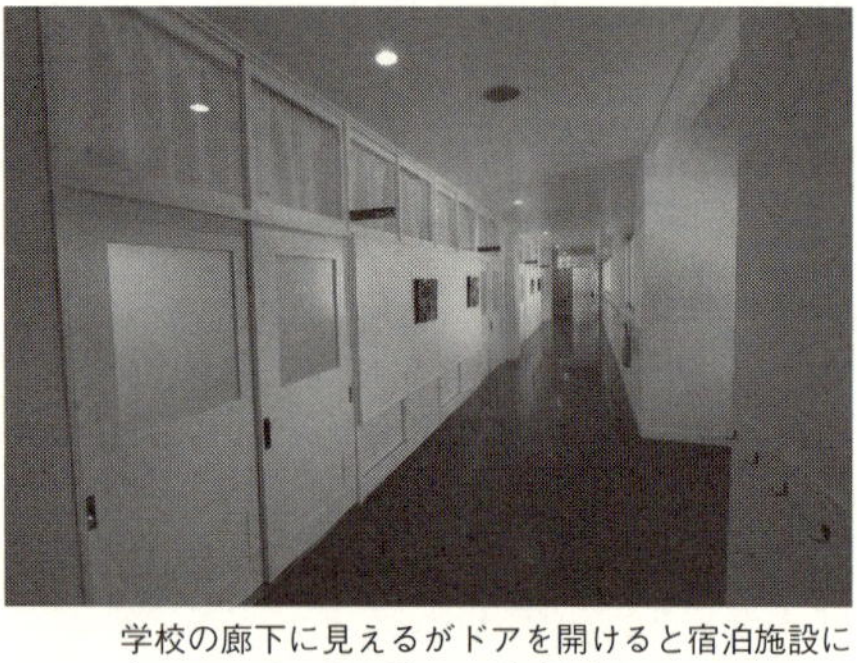
学校の廊下に見えるがドアを開けると宿泊施設になっている。そのギャップが面白い。

金次郎」が営業中。トイレの脇を抜けると元校舎が目の前にある。1階には定食、中華、本格的な窯焼きピザが食べられるお店も。その中のひとつ「里山食堂」のメニューには「保田小給食」があり、給食の器でご飯が食べられる。給食の時間の思い出が思わずよみがえる。

教室の"前側"を改築した宿泊施設なので黒板がある。人数分の畳ベッドを設置。

鋸南町の観光情報を案内している「まちのコンシェルジュ」の中に入ってみた。パンフレットが置いてあるテーブル、休憩用のイスは、小学校の教室で使われていたものそのもの。見ると懐かしくなると同時に、こんなに小さかったんだと驚くはずだ。ここでは宿泊や入浴施設の受付もしている。

まちのコンシェルジュの脇に階段があるので、2階に上がってみると、そこには「まちの縁側」がある。教室の外側でベランダだったところであるが、板張りになっていて、靴を脱いでくつろげるスペース

店内を見上げると天井の感じから元体育館というのがよく分かる。

として生まれ変わった。夜間は宿泊者の専用スペースとなるところだが、日中は自由に出入り可能。

ここから見下ろすと、元校庭だったところに車がたくさん停まっていることを除いては小学校のままの雰囲気である。

そして旧校舎の2階は保田小学校ならではの教室を利用した宿泊施設だ。教室そのままの場所にベッドが置いてあった。元々あった教室を前後に区分けしてベッドを置き、泊まれるようにしているのだ。

4人部屋が10室、15人部屋が2室。教室は前後に区切っているので、黒板が残っている側と、ランドセルなどを入れるロッカー側とに分かれていて、それぞれに畳ベッドがある。15人部屋は団体の合宿用などに使える大部屋だ。

宿泊施設なので入浴施設「里の小湯」もあり、宿泊者はもちろんだが、立ち寄り湯もできる。小学校の施設はほかにも残っていて、音楽やダンスの練習に使える「音楽室」、「みんなの家庭科室」では研修や調理実習が行える。地域の交流スペースとしての役割を果たしている。

学校内ではよく見ると、校章が残っていたり、バスケットゴールのゴールボードがテーブルになっていたり、保健室のベッドもまた別のものに使われていたりするので、里山市場の跳び箱同様に、発見するのも面白い。

半日旅で小学校の雰囲気を味わいに来てもいいし、房総半島巡りの拠点として宿泊しても便利に使える場所である。小学校の教室で泊まりがけの同窓会をしてみたら面白そうだ。

3 保田小学校

住所 千葉県安房郡鋸南町保田724
電話 0470-29-5530
駐車台数 普通車用107台
大型車用５台
障害者用２台

主な施設
- きょなん楽市（営９時～18時　休無休）
- 里山食堂（営11時～15時　休火曜）

4

川遊びと小江戸散策をゆっくり楽しむ

水《みず》の郷《さと》さわら

千葉県
香取市

体験

高速交通が現在のように発達していなかった昔、人々の移動といえばまずは徒歩。馬や籠もあっただろうが、基本は歩くしかない。

ただし、早い段階から発達した交通手段もある。それが舟運《しゅううん》だ。山から木材などの物資を川下へと運んだり、加工品を川下の街へと運んだり、あるいは旅客を運んだり。小舟による輸送は重要な役割を果たした。

道の駅「水の郷さわら」のある香取市佐原は、鉄道が開通するまで、利根川を使って人や荷物が行き来し、東北地方からの物資の集散地として栄えたエリアだ。

東関東自動車道・佐原香取ＩＣから４・５キロ。県道２５３号線を利根川方面へ向かい、国道３５６号を左折するとすぐ右側に見えてくる。国道から入っていくと右と左に

小野川沿岸は小江戸と呼ばれ、古い町並みがいまも残っている。

大きな建物がある。右側が「道の駅」、左側が「川の駅」。ここは全国でも珍しい、「川の駅」を併設した道の駅である。

川の駅側の駐車場は大型車用なので右側へ車を移動する。駐車場は150台以上のスペースがあるが休日にはいっぱいになる。平日に訪れたときでもお昼前後は混雑していたことがある。

駐車場から見下ろすようにして利根川が見える。ちょうど遊覧船が戻って来た。ここは川に親しみ、川で遊ぶことをコンセプトとした道の駅だ。ふれあい水路ではカヌー、ボート遊び、観光船が出ていて利根川遊覧が楽しめる。

モーターボート、サッパ舟、屋形船など観光船は種類がいろいろある。なかでもサッパ舟の周遊がおすすめだ。

　サッパ舟とは昔は漁で使われていた小回りが効く舟。乗ってみるとこぢんまりとした感じがいい。舟から手を伸ばせば川面に届く距離で、小野川の古い町並みを下から見え上げながらゆっくりと進んでいく。頬に当たる風がなんとも心地いい。

　ルートはいくつかあるが、遊覧船乗り場から小野川をさかのぼっていく「小江戸街並コース」を選んだ。佐原は「北総の小江戸」といわれ、江戸の文化を取り入れたところで、その面影が小野川沿岸を中心に残っている。「重要伝統的建造物群保存地区」にも指定されている場所だ。

　川面に近い低い視点から流れる景色を眺める。観光で歩く人々を見上げることはなかなかない。水門を抜け、橋をくぐり、ほかの遊覧船とすれ違い舟は進んでいく。自動車

利根川を遊覧船で巡るコースのほか、モーターボートで周遊するコースなどもある。

の移動とはまったく時間の流れ方が違う。水の郷さわらを出発して15分で小江戸の街並に到着した。往復コースは30分~40分かかり、大人1500円、小学生800円。片道コースならば15分~20分で、大人800円、小学生400円となっている。小江戸の街並の発着場所は中橋で、そこで下りて小江戸見学ができる。

私は片道コースを選んだので、中橋で下りて街並の散策をした。おすすめは伊能忠敬ゆかりの地をめぐるコースだ。

日本全国を測量して日本地図を作った伊能忠敬が17歳で婿入りしてから48歳まで暮らしたという商家が残っている。佐原エリアでは最も古く約280年前の建物である。その家を中心にして江戸の匂いの残る街並を散策できる。古い家を利用したカフェなどもあり、川を眺めながら休憩するのもいい。

ふれあい水路で楽しめるカヌー。レンタルカヌーは行っていないので持ち込みに限る。

休日になるとイベントが行われて賑やか。
フリーマーケットが行われていた。

中橋周辺から道の駅までは1・5キロの道のり。戻ったらフードコートで食事をしよう。ここには、手作りの「母の味」にこだわる「あやめ」、石窯で焼いた本格的なナポリピザが食べられる「温々《ぬくぬく》」、セルフスタイルのうどんと揚げたての天ぷらの「さわら麺処」、地元野菜をたっぷり使ったラーメン店「麺屋桃太郎」の4店舗が入っている。

農産物直売所は非常に活気がある。スタッフが小気味よく働いている。商品は安くて新鮮なので、買わないと損な気持ちになってくる。これはいい産直売場でいつも感じることだ。地場特産品のお米売場が充実していて、その場で精米もできる。

アクティビティとしては、サイクリングもいい。利根川沿いには自転車専用道路が整備されていて、道の駅にはレンタサイクルがある。小野川の街並コースは往復で3キロ、年間200万人の参拝客を集める香取神宮は往復で8・6キロのコース。利根川の橋を越える大利根サイクリング道路コースは往復12キロ。佐原周辺の観光地巡りに便利だ。レンタル料金は1回300円と手軽。

カヌーも楽しめる。レンタルはなく持ち込みに限るが、湿地帯のふれあい水路でカヌー遊びができるという。こちらは無料だが要予約。

車での旅を続けている中で、ふと立ち寄った道の駅。そこには、町の歴史を感じさせる、川を中心とした文化があった。少し時間の流れに変化をつけられる素敵な道の駅だった。

4 水の郷さわら

住所 千葉県香取市佐原イ3981-2

電話 0478-50-1183

駐車台数 普通車用240台
大型車用25台
障害者用5台

主な施設

- 特産品直売所「朝どり館」(営8時〜18時 休無休[施設点検日を除く])
- フードコート(営9時〜17時[LO16時30分] 休同上)

5

味噌、醤油、酒……発酵文化の発信基地

発《はっ》酵《こう》の里《さと》こうざき

千葉県
神崎町

グルメ

２０１５年４月にオープンした道の駅「発酵の里こうざき」は、全国でも珍しい発酵をテーマにした道の駅である。

キャンピングカーの中には常に調味料をセットしていて、醤油はちょっと高くてもいいものを買うようにしている。道の駅で食材を買ってきて、車内で食べるときに、醤油ひとつで味がまったく変わるからだ。せっかく旅先で出会った食材なので、おいしく食べたい。だからここの道の駅も楽しみにしてきた。

東京方面からは常磐自動車道から、圏央道・神崎ＩＣを下りて右折。国道３５６号沿いのすぐのところにある。目の前に利根川。高速道路からのアクセスはいい。

神崎町という地名は初めて聞いたが、新勝寺や空港で有名な成田市の隣、人口約６０

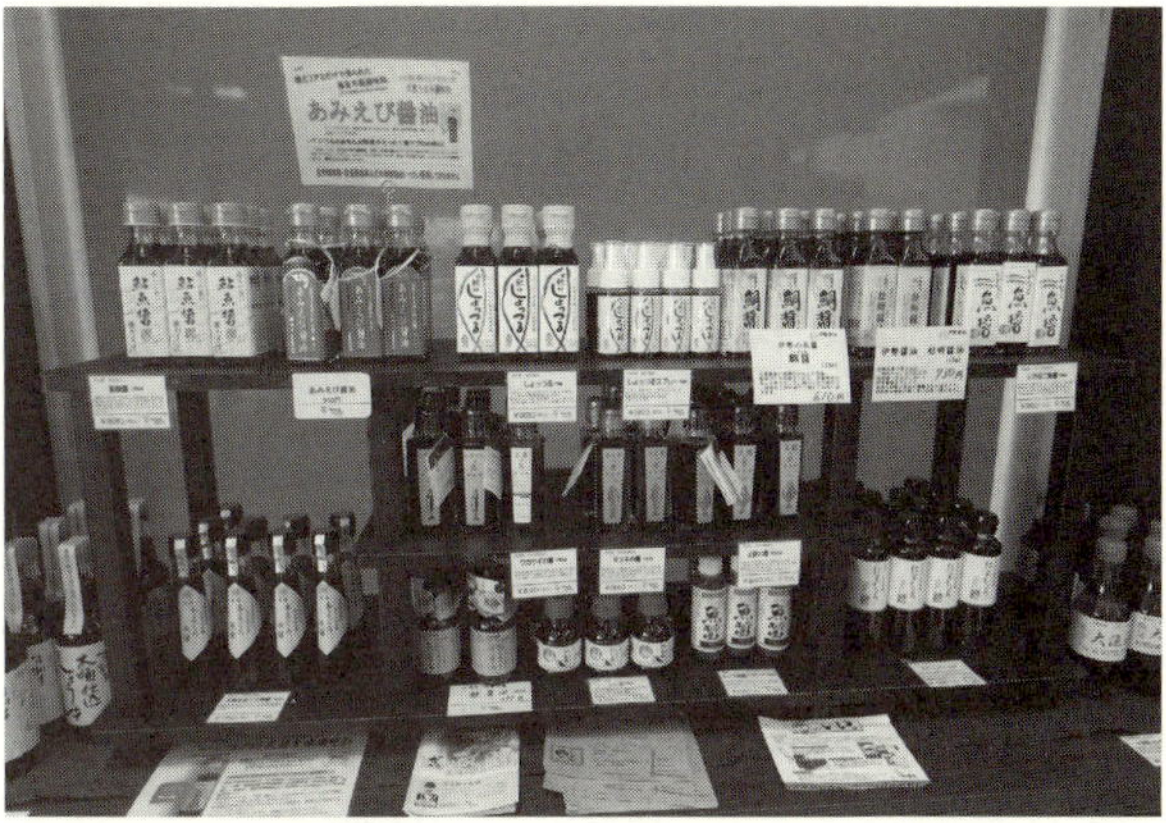

しょっつるなど有名なものから、珍しいものまでいろいろ並ぶ醤油コーナー。

00人の町だ。昔から穀倉地帯で農産物が取れ、地下水が豊富で、酒や醤油などの醸造業が発展した。そこで、町を挙げて道の駅を盛り上げようとしている。道の駅を管轄する国土交通省が選ぶ、「重点道の駅」にも選ばれていて、町の発酵文化を世界に発信することを期待されている。

思っていたよりもこぢんまりとした印象だが、新しい道の駅なのでやはり設備はきれいだ。施設は大きく3つの建物からなっていて、向かって右から、はっこう茶房+コンビニ、真ん中に発酵市場、左がレストランオリゼだ。

はっこう茶房は、オリジナルパンも置いてあるカフェ。発酵ということで、小松菜に塩麹や豆乳を使ったグリーンスムージーや、酒粕オレンジピールや

日本ならではの発酵文化を世界に発信するために町内外から発酵食品を集めた。

味噌クリームチーズのちょっと変わったジェラートが食べられる。

　発酵市場は、味噌蔵や酒蔵を思わせる「酵」の字を染め抜いた暖簾がかかっていて、店内には鮎魚醤、あみえび醤油、しょっつる、伊勢の魚醤・鯛醤、鮭醤油、いしるなど数多く取り揃えている。私がもっとも気になっていたお店がここで、しょっつるのスプレータイプを購入。車内ではキャップタイプよりも便利に使えそうだ。ほかに味噌、日本酒、麹ドリンクなども置いてある。

　そして、レストランオリゼである。店名のオリゼは、アスペルギルス・オリゼ（ニホンコウジカビ）を意味する言葉。日本酒、味噌、醤油、みりんの製造に欠かせない発酵の素として知られている麹菌である。店はセルフサービスタイプで、麹が作り出す風味を味わう定食「豚の味噌麹焼き定食」が人気ナンバーワンにして、この道の駅の看板メニューだ。醬油糀と味噌をブレンドしたタレで豚肉を香ばしく焼いた。タレは菌が生きた状態で非加熱のものを使っている。調理をすることで火が入り、風味が完成する。

ほかにも発酵定食、塩麹ラーメン、酒粕大吟醸カレーなど、発酵食品を楽しむメニューが盛りだくさんだ。

腸内細菌の活性化に興味があるなら、半日旅の目的地にもおすすめだ。特に醬油は日本全国から集まっているから、わざわざ遠くまで足を運ばなくても手に入れることができる。次に来たときにはまた別の醬油を試してみようと思う。

5 発酵の里こうざき

住所 千葉県香取郡神崎町松崎855
電話 0478-70-1711
駐車台数 普通車用50台
大型車用23台
障害者用２台

主な施設
- 新鮮市場（営9時～18時）
- 発酵市場（営9時～18時）

6

南《なん》房《ぼう》パラダイス

南国の花やフルーツに囲まれてトロピカル気分

千葉県
館山市

絶景

飛行機に乗って、房総半島を上から眺めるとゴルフ場がたくさんあることに驚く。この地はゴルフパラダイスなのか、と。しかし、陸路で房総半島をぐるっと走ってみれば、内陸側にあるゴルフ場の存在はほとんど感じない。それよりも、道の駅がたくさんあることに驚くことだろう。

西岸の鋸南《きょなん》町にある道の駅「保田小学校」（P30）をスタートして南へ、南端から東岸を北上して道の駅「鴨川オーシャンパーク」までの約70キロを走れば、なんとその間に12カ所の道の駅がある。一番短い「駅間」は約2キロだから、かなりの過密さだ。内陸の4カ所も合わせれば計16カ所。千葉県内の道の駅は29を数えるが、その大半が房総半島の海沿いに集中しているのがわかるだろう。

南国雰囲気満点のアロハガーデンたてやまでは300メートルの温室が見もの。

房総半島はまさに「道の駅パラダイス」。たくさんの道の駅がひしめき合って、それぞれが個性を主張している。

その魅力は、温暖な気候と豊かな食。海と山がせめぎ合う半島という地形は、山の恵みをもたらし、その山から流れ出す養分豊富な水によって海の幸をももたらす。

東京湾アクアラインや、房総半島の西側を縦に貫く館山自動車道もあるので都会からのアクセスもいい。半日旅にはもってこいのエリアなのである。

そんな道の駅パラダイス、房総半島で独特な個性を放っている道の駅を紹介する。その名も「南房パラダイス」。首都圏にありながら、トロピカル気分を味わおうというのがここのコンセプトだ。

道の駅の目の前には「房総フラワーライン」が通っている。館山市から南房総市までの約46キロ、海岸沿いを走る道路だ。

私が初めて行ったときは3月上旬で、菜の花の盛りは過ぎていたが、それでもまだ沿道には菜の花の黄色のラインが残っていて、天気がよくて空は真っ青、海も見えるし清々しい気持ちになった。

海沿いの道は日本各地にあって、私も各地をドライブしている。海沿いというだけで走っていて気持ちいいものだが、房総フラワーラインのようにまっすぐな道はなかなかほかにはない。

この道路の素晴らしさは国のお墨付きで、「日本の道百選」に選ばれている。これは、１９８０年代後半に建設省（現・国土交通省）が選んだもの。選考基準は「歴史性と親愛性」「美観性と機能性」。百選という名前だが、実際には１０４本の道が選ばれた。房

アロハZOOでは動物とふれ合うことができ、カピバラのエサやりも楽しめる。

総フラワーラインは、伊戸から相浜までの約6キロが日本の道百選に選ばれていた。「南房パラダイス」のある場所もその箇所に該当している。

南房総は1月から花が楽しめるエリアで、1月から2月下旬までは黄色が鮮やかな菜の花、3月中旬から5月までは白く可憐なノースポール、7月から8月はオレンジ色のマリーゴールドや鮮やかな紫のバーベナ・テネラが咲き誇る。早春から夏まで沿道を彩ってくれるのだ。

ハワイアンジュエリーやバッグなど、
ハワイの雑貨や観葉植物なども販売。

南房パラダイスの駐車場は広く、回りには椰子の木があって南国ムードが漂っている。

正直なところ、道の駅の設備としては特筆するものがないのだが、この道の駅に併設される「アロハガーデンたてやま」が面白い。

ここは1年中南国気分を味わえる千葉県内で一番大きな動植物園。長さ300メートルの連続温室、

モアナガーデンカフェでは、ホットドッグやハワイアンレモネードなどのメニューも。

高さ20メートルの大温室などがある。温室内には亜熱帯植物が生い茂っていて、ハイビスカスやブーゲンビリアなどトロピカルなムードを満喫することができる。

また、マンゴーやバナナ、スターフルーツ、パパイヤ、ドラゴンフルーツなど、南国のフルーツを木になった自然な姿で見ることができる。大人も子供も貴重な経験を楽しめる。

動物と触れあうことができるアロハＺＯＯもファミリー層を中心に人気を集めている。「カピバラふれあい」、「ヤギ・ヒツジのおやつ」などが用意されていて、子供たちがおっかなびっくり動物に触っているのが微笑ましい。また、園内には屋外、室内、芝生ステージがあって、毎週末と祝日には本格的なフラダンスやタヒチアンショーが行われている。

温室や動物園、展望塔などのあるアミューズメント施設内は入場料金が必要だが、レストランやお土産売店は、無料で利用できる。

売店ではハワイ雑貨を購入することもできて、レストランワイキキでは、ハワイアンブレックファーストが人気メニューだ。

つまり、菜の花の季節を待たなくても、「アロハガーデンたてやま」に行けば、一年中南国気分を味わえるということだ。

道の駅の周辺には海水浴が楽しめるビーチや洲崎灯台、館山ファミリーパークなど観光スポットも多い。半日旅の拠点としてもいいし、ドライブがてら「南房パラダイス」へ常夏を味わいに来てもいいだろう。

6 南房パラダイス

住所 千葉県館山市藤原1497
電話 0470-28-1511
駐車台数 普通車用144台
大型車用16台
障害者用３台

主な施設
■アロハガーデンたてやま
（営９時30分～17時［最終受付16時30分］ 料大人1300円、子供700円 休無休）

7

おおつの里《さと》

両手いっぱいの花束をビックリ価格で!?

千葉県
南房総市

体験

　この道の駅は、駐車可能台数に特徴がある。普通車用30台というのはやや少なめだ。大型車用は９台。普通車用とくらべるとやや多いと言える。私が行った日もすでに大型車スペースに、観光バスが停まっていた。

　立地は、南房総市の西側を通る国道１２７号から県道１８５号線へ、山の中へ向かう途中にある。富津館山道路と並行して走っている道で、運転に少々の注意が必要なほど道幅が狭い。ましてや観光バスにとっては、休憩場所としては不便に感じるはず。つまり、この駐車場の構造は、「わざわざバスツアーで来る価値がある道の駅」であることを物語っているのだ。

　その「価値」は、来てみればすぐにわかる。私が到着したときも、停まっていたバス

建物の先に広い温室が続いていて、季節の花が咲いているのが見える。

の団体客がちょうど帰るところで。みんな腕いっぱいの大きな花束を抱えていた。

そう、バスツアー客の目的は、花なのである。とにかく安いのだ。ボードに書かれている花の金額を見ると驚かされる。もちろん選ぶ品種にもよるが、1000円も出せばひと抱えほどの花束が買えてしまうのである。

ここは特に春がいい。花粉症の人は大変だが、春が近づくと、体がそわそわし始めて旅のプランを立てる。キャンピングカーユーザーや「車中泊族」の場合は、12月から2月までの寒い時期はオフシーズンにすることが多いと思う。

私もまさにそうだ。それには、写真を撮りながら旅をしている事情も関係する。雑誌に掲載する写真などは、道の駅の外観が雪景色では用途が限られてしまうからだ。第一、凍結した道路や雪道の運転は危険が多く、気が進まない。

3月になると暖かい地域を求めて出かけたくなる。その点、いち早く春が感じられる房総半島は最適な場所だ。首都圏から近いのに、年明けから菜の花が咲く温暖な気候。春の半日旅にうってつけだ。

また、南房総は道の駅が多いエリアでもある。「おおつの里」と、ビワで有名な「とみうら 枇杷倶楽部」（P64）とは、同じ町にあって4キロしか離れていない。

駐車場の目の前には木造のシンプルな建物があって、足を踏み入れると目の前に「花倶楽部」の看板がかかった温室が見える。その中では色とりどりの花が咲き乱れる。まるでパラダイスだ。温室入り口の手前に大きなオレンジ色の花が咲いているのが目に入

ふっくらとした花が特徴的な金魚草。色数が豊富で品種もさまざまだ。

った。お店の人に花の名を聞くと、ストレチアという品種だという。別名は「極楽鳥花」。花の部分が南国にいるカラフルな鳥の頭のような形をしている。ほとんど市販がされていない珍しいもので、パーティー会場などでこの花が飾ってあったら、一気にゴージャス感が増すだろう。そんな花である。もちろん切り花として販売されているが、ハサミでは切れないのでスタッフに声をかけて切ってもらおう。

道の駅には約4000坪の温室があってとにかく広い。これは国内最大級の大型ハウス。だからバスでお客さんが大勢訪れても、おいそれと花がなくなるようなことはない。

南房総の菜の花は年明けからだが、おおつの里の温室ではさらに早く、10月中旬から金魚草摘みがスタートする。季節ごとにストック、アイスランドポ

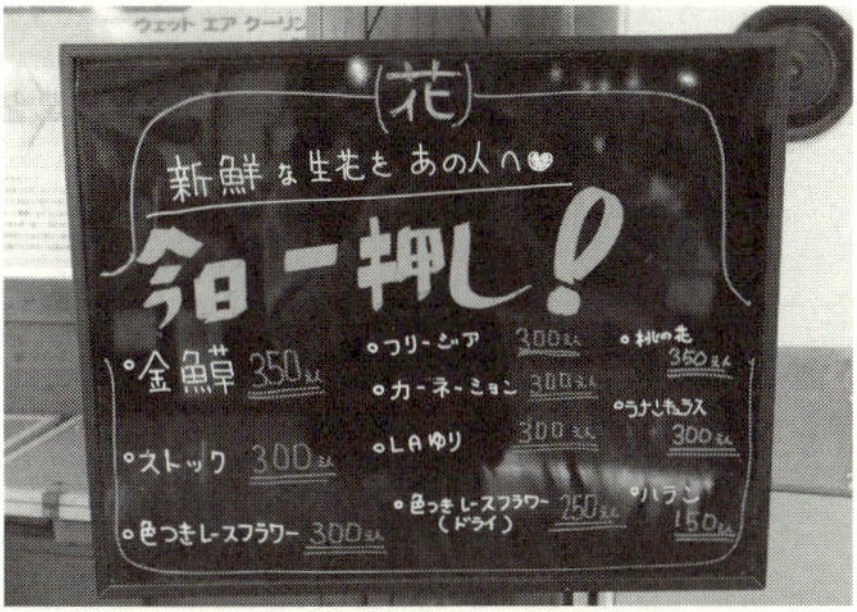

温室内で花摘みができるほか、切り花も販売している。季節によって種類も変わる。

生花に比べると売り場面積は小さいが、
地元のお米や農産物も取り扱っている。

ピー、カーネーション、ユリ、ストレリチア、なでしこ、サンゴアロエなどさまざまな花が咲く。5月のゴールデンウィーク頃まで花摘みができる。

ちなみに花を見るだけならば入場は無料。花摘みをする場合にのみ、代金が必要になる。温室内の花摘みなので、雨が降っても問題なし。天候に左右されないのがいい。

花摘みをするとなると、やはりできるだけ花の大きいものや、葉に元気があるものなどを選んでしまうもの。すると、夢中になって、時間がたつのも忘れてしまう。だから、時間には余裕をもって出かけるのがポイントだ。

売店ではもうすでに切った花、いわゆる生花を販売している。バスのお客さんたちが手にしていたのはこの花束である。地元農家の新鮮な花々がとにかく安く手に入るということで大人気だ。

売店の人におすすめの花を聞くと「カーネーションやストック、金魚草」という答えが返ってきた。

道の駅の周辺にもあちこちに花摘みができる場所があり、休日になると町全体がにぎわう。

花のシーズンが終わったあとの7〜9月は、温室で育てた野菜狩りや、フルーツ狩りが体験できる。

野菜狩りでは、ゴーヤ、トマト、パプリカなどの夏野菜、フルーツ狩りは、ブドウ、イチゴ、ビワなどの収穫が温室で体験できる。

7 おおつの里

住所 千葉県南房総市富浦町大津320
電話 0470-33-4616
駐車台数 普通車用30台
大型車用９台
障害者用１台

主な施設
- 特産品販売所
（営９時〜17時［11月は16時30分まで］ 休不定休［１〜３月は無休］）
- 花倶楽部「花カフェ」（営９時30分〜16時 休不定休）

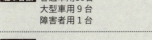

8

オライはすぬま

ピチピチのイワシとフルフックアップのRVパークがウリ

千葉県
山武市

グルメ

海の近くにある道の駅、特に漁港周辺の道の駅に行くときは、否が応でも期待値が上がってしまう。

これまでもいろいろな「うまいもの」に触れてきたが、私が何よりも愛してやまないのは、新鮮な魚介類、もっと言うならキラキラと輝くピチピチのヒカリモノだからだ。海近くの道の駅では必ずいい魚が手に入らないか探すし、レストランのメニューでも「これは!」という魚介類がないかと探す。

「オライはすぬま」は、九十九里海岸から1・5キロのところにある。九十九里と言えば日本有数のイワシの水揚げ基地。ますます期待が高まるロケーションである。

東京方面からは千葉東金道路・松尾横芝ICから約10分。沿道にはところどころには

駐車場脇にある看板が目に入った。イワシ料理への期待が高まる。

にわの置物があった。なんでも、このあたりの古墳から「はにわ」が出土したため町のシンボルになっているのだとか。道の駅は芝山はにわ道路を九十九里海岸に向かって直進した左側にある。

はにわの道もいいが、せっかくなら「九十九里有料道路」をおすすめしたい。海岸線の17・2キロの道路は通称「波乗り道路」。美しい九十九里浜を眺めながら、サーファー気分でドライブできる。

周辺は田畑が広がるが、そこに突然、高い建物が現れる。道の駅の隣にできた5階建ての蓮沼交流センターで、目印になる。駐車場には「いわしの郷」と大きく書いてあり、期待感を煽る。

ある日曜日の11時過ぎ。駐車場は混雑している。順番待ちの列に並び、誘導係に従って駐車した。

建物前には人だかりがあり、覗き込んでみると、着物姿の演歌歌手が歌謡ショーをしていた。ここでは年間に200日以上もイベントをしているというので、毎週来てもお楽しみがありそうだ。

私はさっそくレストランへ。ここも混雑していて行列だ。受付ボードに名前を書き、時間を聞くと「1時間以上お待ちいただくと思います」との返事。いつもなら、そんな大行列に並んだりはしないのだが、イワシのためであればしょうがない。

カリッと揚げたイワシに甘じょっぱいタレがかかっているいわし丼は人気メニューだ。

時間をつぶすために隣にある物産館へ向かったがここもまた大混雑だ。まず目を引いたのが総菜だ。アジの酢の物、野菜の炊き合わせ……ちょっと変わったところでは「飾り寿司」、ハレの日に食べる地域伝統のごちそう寿司なのだ。

こんな光景を目の当たりにすれば、いつもならお惣菜を買って、車内でご飯を炊いて食べてしまうのだが、今日はお目当てのイワシのために我慢。その代わりといってはなんだが、冷凍の「イワシの一夜干し」を購入してみた。丸々とした身で見るからにおいしそう。キャンピングカーには冷蔵庫が付いているので、冷凍物も躊躇せずに購入できる。最近はポータブルタイプの冷蔵庫で性能のいいものがあるので、車でよく旅に出かける人であればひとつあってもいいと思う。エンゲルのポータブル冷蔵庫はマイナス18度まで冷やせて3万円くらいで購入できる。

道の駅から海水浴場までは約1.5キロ。近くには蓮沼ウォーターガーデンもある。

この道の駅は、日本RV協会が推進する有料の車中泊スペース「RVパーク」を併設している。24時間利用できるトイレがあって、AC100Vが使える電源設備があり、ゴミ処理ができるようになっている。入浴施設は必ず用意されているわけではないが、併設しているか近隣にある場合が多い。

RVパークの中でも珍しいフルフックアップ施設。電気、上下水道が使える。

道の駅オライはすぬまに隣接する蓮沼交流センターは東日本大震災の津波がきっかけとなって建てられたもので、防災センターと地域の交流を兼ねた施設である。

AC100V電源が接続できて、水道栓を直結でき、さらに排水・汚水のホースを接続可能というフルフックアップの設備がある。日本のキャンプ場でも滅多にないものだ。ペット連れOK。区画内であればテーブルやイスを出してもいいが調理はできない。

1泊3000円という利用料金の中に電気使用料、ゴミ処理代も含まれていて、延泊も可能。RVパークから1・7キロのところに「蓮沼ガーデンハウスマリーノ」があって入浴できる。

おお、これならば、道の駅でイワシを買って車内で食事をして、九十九里浜で海水浴。

夜はRVパークで車中泊。翌日は東へ約1・5キロほどの蓮沼海浜公園で、千葉県最大級のプール「蓮沼ウォーターガーデン」に行って、ウォータースライダーなどで大興奮！……と、半日旅もいいが、夏休みなどはRVパークを拠点にした宿泊もいいなと思う。

　時間になってレストランへ。レストランの人気ナンバーワンメニュー「いわし丼」を注文した。サクサクに揚げたイワシがのっていて、衣には醤油ベースの甘辛いタレ。待った甲斐があったうまさに納得。次はなめろう定食、いわしフライ定食も食べてみたい。とにかく、休日のお昼時はレストランが混むので覚悟が必要。この日も14時過ぎまで行列ができていた。

8 オライはすぬま

住所 千葉県山武市蓮沼ハの4826
電話 0475-80-5020
駐車台数 普通車用65台
大型車用３台
障害者用３台

主な施設
- 物産館喜太陽（営9時～18時［夏季は19時まで］ 休1月1日）
- 蓮味（営11時～15時［軽食は16時まで、夏季は17時まで］ 休1月1日）

9

特産の極上ビワをブランド化して全国モデル道の駅に

とみうら 枇杷倶楽部《びわくらぶ》

千葉県
南房総市

グルメ

突然だが、道の駅に関する「ある制度」について話をしたいと思う。

それを「全国モデル」という。現在、全国には１１５４カ所の道の駅があるが、そのうち6カ所が全国モデル「道の駅」に認定されている。実に０・５％という選りすぐりの道の駅である。

認定したのは道の駅を管轄している国土交通省。地方創生の核となる優れた道の駅を応援しようということで、国土交通大臣が全国モデル「道の駅」を認定しているのだ。全国モデルに選ばれるためには、地域活性の拠点として優れていること、道の駅として供用されてから10年以上にわたって継続的に地域に貢献していることなどの条件を満たす必要がある。

名産品のビワを使い商品開発をすることで地域おこしにもつながっている。

利用者側の立場から見れば、長期にわたって人気の道の駅が全国モデルに選ばれているということだから、「安心のブランド」と言える。

「とみうら枇杷倶楽部」のほか、岩手県「遠野風の丘」栃木県「もてぎ」（P90）群馬県「川場田園プラザ」（P166）山口県「萩しーまーと」愛媛県「内子フレッシュパークからり」の計6カ所が認定されている。

どこもそれなりの規模を誇り、利用者に対しても魅力のある道の駅ばかりだ。もてぎ、川場田園プラザについては、この書籍内でもこの後登場する。

道の駅もこれだけ増えると、さまざまである。駐車場＋トイレ＋東屋のような売店だけといった、非常に小規模なところもあれば、ショッピングモールのようなマンモス道の駅もある。

しかし、規模の大小よりも、一過性のものではなく、長い間利用者に愛される運用ができているか、それによって、地域のために役立っているかが大事なのだ。

全国モデル「道の駅」のほかに、特定テーマ型モデル「道の駅」、重点「道の駅」という認定もあるので、行き先を選ぶときの参考にしてみるのもいいだろう。

道の駅は1993年の103カ所がスタートだった。とみうらはその開業「1期生」でもある。全国モデルとして認定されている理由のひとつが、名産品のビワを使った「六次産業化」だ。難しそうな言葉だが、たとえば特産の農産物を収穫して出荷するだけ（一次産業）でなく、地元ブランドとして管理し、商品を開発して、地域内で加工（二次産業）や販売（三次産業）まで企画することによって、もっとブランドの価値を高めよう

ほのかなビワの風味と甘さが感じられる上品な味わいのびわソフトクリーム。

ということである。

全国の消費者にしてみれば、その特産品に触れる機会が増えて、身近に感じられるようになる、もちろん手軽な価格で買えるようになることも大事だ。

ビワ関連の商品だけでなく、売店では地元の加工品なども販売されている。

というわけで、とみうら枇杷倶楽部は、ビワ尽くしで推しまくっている。房総半島の南端は温暖で過ごしやすい気候だが、ビワの栽培地としては北限。ビワは温暖な地域でしか栽培できないのだ。ただし、房州ビワは、皇室に献上されるほど大粒で肉厚。酸味が少なくジューシーで美味。つまり特上品なのだ。

それを加工して道の駅オリジナル商品を開発。約50種類の加工品を販売している。完熟ビワをピューレにして、たっぷり使った贅沢なゼリーは道の駅で一番の人気商品。濃縮されたビワのおいしさを味わうことができる。房州ビワ使用のソフトクリームは

房州ビワを使ったピューレを隠し味にしたびわカレーは、フルーティーな味わい。

毎朝自社工場で手作り。口の中で広がるほのかなビワの風味と甘さが感じられ絶品。飛ぶように売れている。ほかにジャムや菓子など、人気のビワ商品はたくさんあるので、ぜひ店頭で迷ってほしい。

　道の駅は、ビワ狩りやイチゴ狩りなどの体験企画や、関東最大規模の菜の花畑見物など、地域の観光情報の拠点にもなっている。さすが全国モデルだ。

　房総半島というと一昔前は南北を通る高速道路がなくて、行きづらい印象の場所だったが、京葉道路から富津竹岡ＩＣまで続く館山自動車道、さらにその先の富津館山道路によって行き来しやすくなった。道の駅があるのは南房総市で、富津館山道路・富浦ＩＣより車で約５分といったところ。

　自宅からだと京葉道路を使って浦安を抜けて行くと１３０キロ。東京湾アクアラインを使うと１００キロで、車の移動時間は20分くらい短縮される。東京湾アクアラインの通行料金は普通車・現金通常料金は３０９０円だが、ＥＴＣアクアライン割引ならば８００円。割引料金適用ならば、どちらのルートで行っても有料道路料金はほとんど変わらない。それならば時間が短い東京湾アクアラインのルートがいいのだが、木更津にあるアウトレットモールの混雑があるので、休日は気をつけないと渋滞に巻きこまれるおそれがある。

千葉県の道の駅であるが、東京湾アクアラインを使えば、神奈川県川崎市、横浜市あたりに住んでいる人もアクセスしやすく、半日旅の目的地に十分なり得るのだ。

9 とみうら 枇杷倶楽部

住所 千葉県南房総市富浦町青木123-1
電話 0470-33-4611
駐車台数 普通車用80台
大型車用８台
障害者用２台

主な施設
- 枇杷倶楽部ショップ（営9時15分～18時 休無休）
- 枇杷倶楽部カフェレストラン（営9時30分～18時［LO17時30分］ 休不定休）

10

市場に出回りにくい多古米を求める小旅行

多《た》古《こ》あじさい館《かん》

千葉県
多古町

グルメ

千葉県山武市のキャンプ場に併設する貸し農園をレンタルして今年で5年目になる。理想的には1週間に1度だが、実際は10日に1度くらいのペースで農園を訪れて楽しんでいる。自分で作った野菜はよりおいしく感じる。野菜がさらに好きになり、道の駅の産直市場で野菜を見て、その善し悪しがわかるようになったのも収穫である。

このキャンプ場の近くにあるのが、道の駅「多古あじさい館」である。キャンプ場で知り合った人やスタッフに多古の話を聞くと、決まって「ああ、多古米のところね」と言われる。このエリアでは知名度のあるお米なのだろうが、私は知らなかった。

おいしいお米は市場に出回らないという言葉がある。なるほど、本当においしかったら採れたその地域だけで消費されてしまうのだろう。「タコマイ」という音の響きも面白

毎年6～7月になると道の駅裏手にある栗山川沿いでアジサイ観賞ができる。

くて、ずっと頭の中に残っていて、いつか買ってみようと思っていた。

道の駅に来たのは3月上旬の平日。国道296号と栗山川が交差する多古大橋のたもとにある。ちょうどお昼どきだったせいか、車が多い。混雑して停められず、駐車場内をぐるっと一周回ったら、ちょうど1台分の空きができた。建物の前の駐車スペースは狭いためやや停めにくい。

白い長方形の建物が目の前にドーンとある。中央部分が裏手に抜けられるように開いている。右にレストラン、左に物産館があった。物産館に入ると天井が吹き抜けになっていて明るく、開放感が心地いい。細長い店舗の中に背の高い棚があって、野菜がたくさん並べられている。種類が豊富でお客さんも

ほとんどが地元で消費されてしまうので、なかなか流通しないという多古米。

多く、活気がある。

　お目当ての多古米は一番奥のスペースに並んでいた。多古町産のお米は、江戸時代からその味が評判になったという。徳川幕府に献上し、1963年には天皇陛下献上米に選ばれている。そして1971年に全国自主流通米品評会で食味日本一に選ばれた。味は保証付きだ。

　千葉県産のお米のうち、多古米は2％しか生産されていない。縁故米という言い方もあるほど、その多くは親戚などで消費されてしまうということだ。だから、県外に住む我々が知るチャンスはなかなかない。そんなお米が道の駅で購入できるというのだから、プレミアム感がある。

　お米は生産者別に包装されていて、白米のほかに玄米もあった。館内に精米機があるので、自分好みのつき具合で精米することができるのだ。私は精米してある3キロの多古米を購入した。甘みが強くて「おかずがいらないお米」と呼ばれているその米は、私の想像のはるか彼方を行くモッチリとした味わい。お米好きならばぜひ試してもらいたい。

道の駅の裏手を流れる栗山川。多古米はこの川の水で育っている。川沿いの道には四季折々に楽しめる花が植えられていて、特にアジサイの季節は美しい。遊歩道には犬連れや散歩をしている人が大勢いた。

デッキ席が人気のレストラン「キッチンＴＡＫＯ」では多古町の特産品を使った定食などが食べられる。多古米を使っているメニューもあるので、まずはここで試食してから購入するのもいいだろう。

10 多古あじさい館

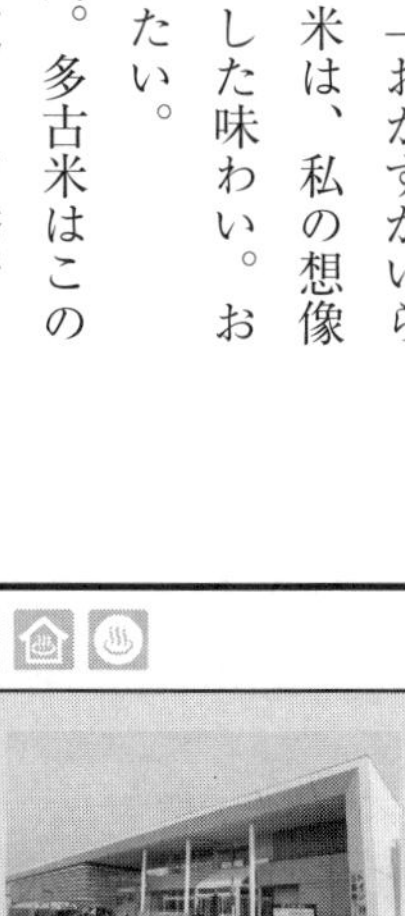

住所 千葉県香取郡多古町多古1069-1
電話 0479-79-3456
駐車台数 普通車用175台
大型車用12台
障害者用１台

主な施設
- ふれあい市場（営9時～19時［9月～3月は18時まで］）
- キッチンTAKO
（営10時～16時［4月～8月は18時まで］ 昼メニューLO15時）

Column

誕生25年で全国1154カ所！　増殖する道の駅の魅力

1993年にスタートした道の駅の制度。もともとは「休憩」、「情報発信」、「地域連携」の3つの役割をうたっていた。しかしいまでは、地元の農産物が安く買える場所として、または温泉・宿泊場所として、はたまた体験型・アミューズメント施設として広く知られるように。単なる休憩場所ではなく、わざわざ行ってみたい場所としても認知されてきている。その様子は本書を読んでもらえればよくわかると思う。

始めは103カ所だった道の駅が、あれよあれよという間に数を増やしていき、25年かけて1000カ所以上に増えた。ちなみにこれまでに登録を抹消された道の駅は2カ所しかない。そして2019年3月19日には国土交通省から、新たに9カ所の道の駅の登録が発表され、総数はなんと1154。ちなみに、登録といっても営業が始まっているわけではなく、2019年度のオープンを予定しているところである。

新設予定の道の駅はテーマを設けているところが多い。その際に「地域活性」、「六次産業化」などがキーワードになる。これまで1000カ所以上回って、実際に目にしてきた経験からいうと、地元民に人気のある施設は旅行者としても面白いということだ。よく成功例として取り上げられる山口県の「萩しーまーと」はまさに地元に愛される魚市場を作ろうとした結果、他県から人を集める全国的に有名な道の駅に成長した。

2019年に新設予定の道の駅にも面白そうなところを見つけた。まずひとつ目は北海道の「あびらD51ステーション」で、ここは日本で最後に蒸気機関車D51が走った安平町にできる道の駅だ。駅では世界最高の状態で保存されているというD51を展示。建物は昭和時代中期のレトロな駅舎を再現するという。鉄道ファンならずとも訪れてみたくなる道の駅であろう。

また、熊本県天草市にオープン予定なのは道の駅「天草市イルカセンター」である。名前の通り天草観光の目玉のひとつであるイルカウォッチングの総合情報センターとしての役割を担う。目の前にある二江漁港は野生のイルカが群れを作っていることで知られ、イルカウォッチングツアーも行われる。新しくオープンする道の駅もわざわざ行きたくなるコンテンツが目白押しなのである。

第2章

観光地化した人気スポット多数

茨城・栃木エリア

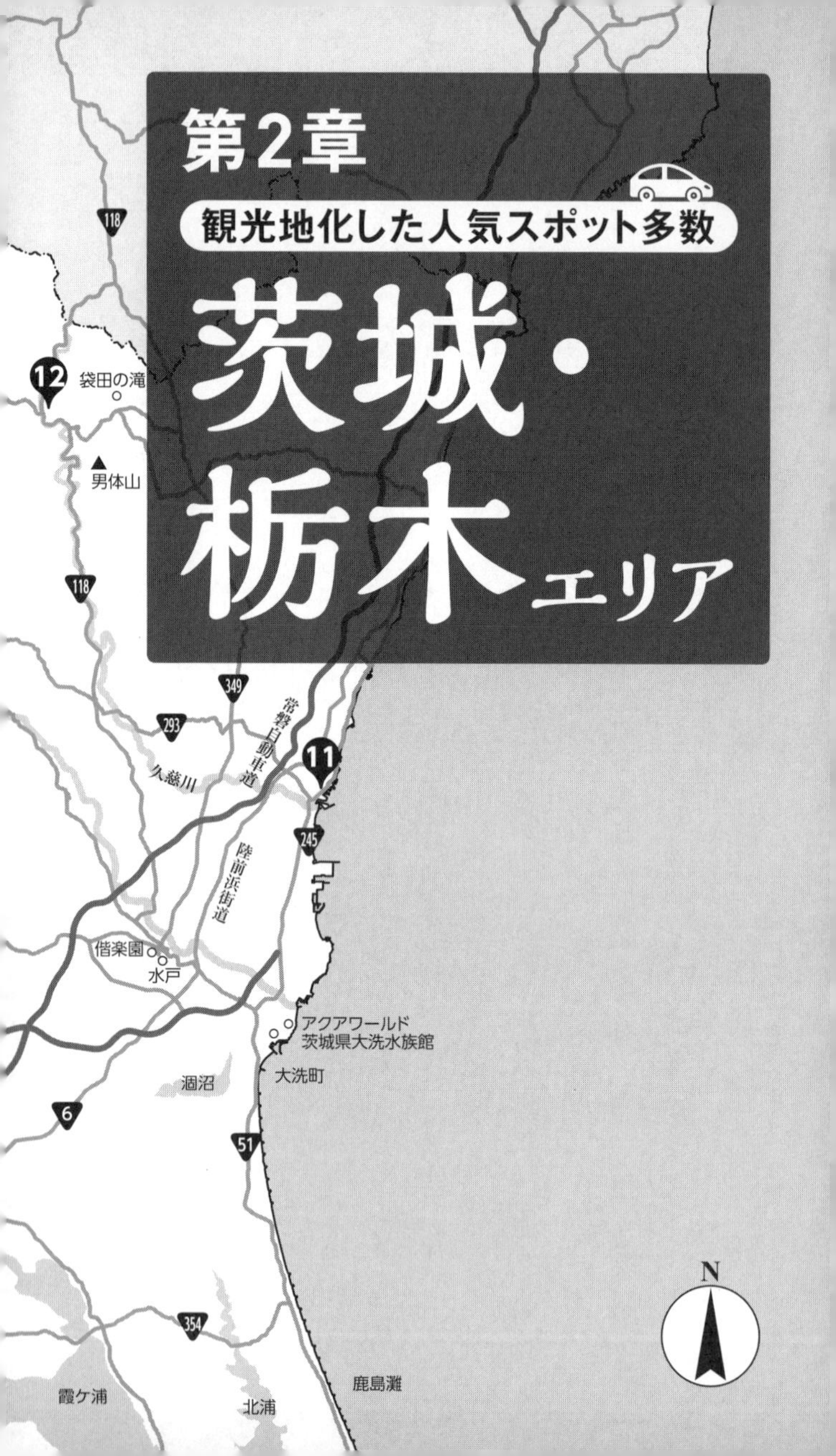

400
東北自動車道
那須塩原
461
女峰山
121
那珂川
日光東照宮
日光
中禅寺湖
14
4
東北自動車道
293
日光道
荒川
294
15
22
那珂川
293
宇都宮
13
ツインリン
もてぎ
123
121
206
294
1
古川小山バイパス
鬼怒川
16
4
50
北関東自動車道
佐野
294
渡良瀬川
筑波山
谷中湖
鬼怒川
東北自動車道
4
利根川
125
408
圏央道
つくば
19
23

11

都心から1時間半で楽しめるグルメエンターテインメント！

日《ひ》立《たち》おさかなセンター

茨城県
日立市

グルメ

「日立おさかなセンター」は、プライベートでも仕事でも訪れることが多い道の駅だ。自宅のある浅草からは高速を使えばクルマで約1時間半。常磐自動車道・日立南太田ＩＣで下りて約5キロ。気分転換も兼ねたドライブがてら気軽に繰り出せる、ちょうどいい距離である。

仕事ではときどき入るテレビのロケや、雑誌の取材で行くことがある。「都心から近くて面白い道の駅を紹介してほしい」という依頼があると、私は「日立おさかなセンター」を含む何カ所かを紹介することが多い。

すると担当者が面白がるのが決まって同所であり、その結果、自然と足を運ぶ回数が増えるというわけだ。

作る楽しみもあるのが味勝手丼だ。好きな魚だけ食べられる贅沢がいい。

その面白さというのは食のエンターテインメントが堪能できるというところに尽きるだろう。

もともとは魚市場だったが、2014年に道の駅としてリニューアルオープン。約1・5キロのところにある久慈漁港などで水揚げされた新鮮な魚介類を購入することができるため人気だ。

日立沖は、暖流と寒流が交わり、栄養・ミネラルが豊かな漁場として有名。1年を通じてさまざまな海の幸を味わうことができる。また、漁師直営の飲食店やお土産屋などがテナントで入っていて、当然、期待を裏切らないクオリティーである。

ここでテレビ映え、雑誌映えするのが「味《み》勝手《がって》丼《どん》」である。もともとは北海道釧路市にある和商市場が発祥の「勝手丼」がルーツ。

自分の好きな魚介類を市場内で購入してごはんにドドンとのせて、自分だけのオリジナル海鮮丼を作れる丼という意味で勝手丼だ。今では各地の魚市場で食べることができるようになっている。

ただ出される丼を食べるというわけでなく、好きな魚介類を選ぶというエンターテインメント性が面白い。日立おさかなセンターでは「味勝手丼」と名付けていて、当然たいへんな人気を集めている。

マグロ好きならマグロだけ、貝好きならさまざまな貝をてんこ盛りにした丼にしてもいい。めかぶだけの緑色の丼だっていい。地物の水タコなどもおすすめだ。

味勝手丼ができるのは、場内にある「あかつ水産」。パックに小分けされた魚介類を購入し、ごはんを買って丼にする。味勝手丼のコーナーではショーケースの中にパックで

パックに小分けされた魚介類を選んで
自分だけの丼にできるのだ。

小分けにされた食材がびっしりと並んでいる。もちろん季節によって並ぶネタは変わり、いつも旬の素材が食べられる。私はイカとヒカリモノが好きなので、イカ150円、アジのたたき200円、マグロ200円をチョイス。普通盛りのごはんが100円。合計650円で自分好みの丼が完成。これに、わさび醤油をタラリと垂らせばもうたまらない。

市場の魚介類も新鮮。その場で食べたくなったら、海鮮浜焼きへ行こう。

　また海鮮浜焼きも人気がある。こちらもあかつ水産の売場で、トレイとトングを渡されて、好きな魚介類を選ぶ。何を買うか悩んだら、浜焼きセットがおすすめだ。ホタテやエビといった定番の盛り合わせが、お得なセットになって並んでいる。

　素材を仕入れたら、店内にあるバーベキューコーナーにまっしぐら。ガスコンロの焼き台にのせて豪快に焼こう。大ぶりなホタテやエビはプリプリとした触感で、焼きたての香ばしさを味わえるのは贅沢

お店ごとにその日のおすすめが書き込んであるので、まずはここをチェックしよう。

の極み。

お昼時や休日には混雑するので予約がおすすめだ。予約は前日までできるので、行くと決めたら迷わず予約しておくといいだろう。焼き台の利用料が大人300円、小学生100円。90分の時間制となっている（繁忙期は70分制で、大人200円、小学生100円）。

魚市場での買い物もエンターテインメントといえるだろう。その日の朝に水揚げされた魚介類が所狭しと並び、夕方近くになると商品が少なくなるので訪問時間には注意が必要。とはいえ遅い時間になると、割引もあったりするので、あえてそこを狙っていくという手もある。魚市場の魚介類も新鮮で安い物ばかり。地物のメヒカリ、ヤリイカ、サヨリなど季節によっていろいろなものが水揚げされる。とにかく魚好きにはたまらない。

以前、サンマの季節に行ったときには、買い物をする気がなかったにもかかわらず、思わずトロ箱に詰まったサンマを購入してしまった。トロ箱に氷を詰めてもらい、クルマに乗せて持ち帰って晩酌。買わなければ損！　の気持ちにさせる魚市場である。

　また魚市場のほかにレストランがあって、寿司や海鮮丼、刺身定食なども食べられる。いつかは食べてみたいと思うのだが、その前に味勝手丼や、浜焼きを食べてしまうので、お腹いっぱいになって通り過ぎてしまう。

　駐車場は建物の近くにあるほか、裏手には大型バスも駐車できる駐車場がある。観光客が休憩に立ち寄るお昼時などは混雑に注意したい。

11 日立おさかなセンター

住所 茨城県日立市みなと町5779-24
電話 0294-54-0833
駐車台数 普通車用78台
大型車用５台
障害者用７台

主な施設
- 第一おさかなセンター（営９時～18時　休テナント店舗により異なる）
- JA常陸直売所（営９時～18時　休水曜）

12

奥《おく》久《く》慈《じ》だいご

県内唯一の併設温泉入浴後は、コンニャク料理に舌鼓

茨城県
大子町

温泉

　道の駅で車中泊しながら旅をしていると言うと、「旅行中の風呂はどうしているか？」とよく聞かれる。同様にトイレについての質問も多い。私は風呂に関しては「日本は温泉天国なので、どこにでも風呂はありますよ」と答えるようにしている。何しろ日本には３０００カ所を超える「温泉地」があるのだ。

　この「温泉地」というのは宿泊施設のあるところを指していて、日帰り入浴施設は含まないので、入浴が楽しめるスポットはもっと多い。ちなみに道の駅だけでも１３０カ所以上が温泉を併設している。

　ところが日本一周中に、入浴に困ったエリアがあった。それが千葉県にある道の駅「しょうなん」から北へ向かって茨城県へ入るルートである。しょうなんには道路を挟んだ

小さな浴槽がひとつあるだけなので、夕方の入浴時間には地元の人で混雑する。

向かい側に温泉施設・満天の湯があって、私はここで入浴して車中泊した。しかしそのあと2日間、入浴できる道の駅に出会うことがなかったのだ。

もちろん、どこを走るか選ぶルートにもよるし、道の駅へ向かう途中で、少し寄り道して足を伸ばせば入浴施設があるのはわかっている。しかし、何よりも道の駅走破を優先したのでルートを大きく逸れたくなかった。また、夜遅くに到着したら、まずはゆっくりと休みたくなってしまうため、入浴しそびれてしまったのだ。

それにまだ春先ということもあって、そんなに汗をかくことがなかったのも、理由のひとつだ。

それまでもルートの都合で1日くらいは入浴しないこともあったが、2日続けて入浴しないのは初めてのこと。

奥久慈だいごに到着したのは昼過ぎだったが、そんなわけで、すぐに入浴施設へ。

道の駅は久慈川のほとりにあり、建物は横長で入浴施設は2階にある。カランが6つの小さなお風呂だが、ナトリウム泉の温泉は運転でこわばった体をじんわりと温め、リフレッシュさせてくれた。

ここから栃木方面へ向かうと温泉地がいろいろあって、温泉を併設する道の駅も増えてくるが、このあたりでは貴重な道の駅だといえる。

ちなみに茨城県内の道の駅で温泉があるのは奥久慈だいごに限られる。栃木県に入れば喜連川温泉や塩原温泉など温泉地が多く、どこで入ろうかと悩むほどだったが、茨城県は意外なほど温泉が少ないのだ。

2階にある温泉からは、ゆったりと目の前を流れる久慈川を眺めることができる。内

コンニャク商品が豊富。手作りのコンニャクはお土産に喜ばれる。

湯1カ所だけの浴槽はそんなに大きくはないので、できれば夕方の混雑時は避けて入浴したい。

本書は日帰り旅を大前提としているが、もし車中泊しながら訪れるのであれば、ピーク時間を外して少し早めに入浴することをおすすめする。

2日ぶりの入浴でさっぱりしたあとに1階の売店を散策してみる。すると、名産品のコンニャクがたくさん置いてあった。

大子町では昔からコンニャク栽培が盛んで、江戸時代には、水戸藩の専売品として藩財政を支えたという。

調べてみると、道の駅からおよそ1・5キロのところに蒟蒻神社がある。ここには、コンニャク業界の始祖と呼ばれる「中村藤右衛門」が祀られている

地元の野菜など生鮮品は少なく、コンニャクを中心にした加工品が多い印象。

のだ。なんでも、鍬で切られたコンニャク芋の薄片が天日にさらされて乾燥しているのを偶然に発見。これを石臼で挽いて粉にして、水に戻して食用にする方法を発案したそうだ。

つまり、現代の私たちが気軽にコンニャクを食べられるのは、この中村藤右衛門のおかげということなのだ。

普段はまったく気にもしないような歴史や由来に、思いがけずに触れることができるのも、道の駅巡りの楽しみのひとつ。

特産品の奥久慈しゃもは、ソースカツ重のほか、うどんやカレーにも入る。

刺身コンニャクや味噌田楽など、手作りのさまざまなコンニャク製品が販売されているので、まずは試食してみることをおすすめする。

また、この大子町は日本三大名瀑にも数えられている袋田の滝でもよく知られている。日本人が「三大○○」を好むということは、誰も異論を挟まない事実だろうから、ここはぜひ時間をやりくりしてでも押さえておいておきたい。

高さ120メートル、幅73メートルを誇り、岸壁を四段にわたって落下することから「四度《よど》の滝」とも呼ばれている。

春は新緑、夏はマイナスイオン、秋は紅葉、冬には滝全体が凍結して、季節ごとにその表情を変える滝である。四季ごとに楽しめるから四度の滝と言われているという説もあるくらいだ。道の駅からは約6キロ。私は春と冬に訪れたことがあるが、冬になって真っ白に凍結している名瀑はまさに神秘的と言うほかなかった。温泉、コンニャク、滝…いろいろなジャンルの魅力を存分に楽しめる場所である。

12 奥久慈だいご

住所 茨城県久慈郡大子町池田2830-1
電話 0295-72-6111
駐車台数 普通車用75台
大型車用6台
障害者用2台

主な施設
- 物産販売所（営9時～18時 休第1・3水曜、12月31日・1月1日）
- 温泉（営11時～20時［最終受付19時30分］ 休同上 料大人500円）

13 もてぎ

一押しのゆずをはじめ、イチゴにSLと名物いろいろ

栃木県
茂木町

グルメ

『道－1グランプリ』をご存じだろうか？　B級グルメ選手権などご当地のグルメを競うイベントがここ数年流行しているが、道の駅で提供されるグルメの中でのナンバーワンを決めるのがこのイベントだ。

第1回は京都にある道の駅「丹後王国『食のみやこ』」で2016年に開催された。エントリーした中から予選を勝ち抜いた約20の道の駅のグルメから、ナンバーワンを決める。その第1回グランプリに輝いたのが道の駅もてぎの「ゆず塩ら～めん」である。ちなみに2017、2018年となんと3年連続でグランプリを受賞。殿堂入りしてもおかしくない人気商品である。

道の駅もてぎのオリジナルのゆず果汁、ゆず塩、そして鶏と豚の合わせスープを使っ

さっぱり味のゆず塩ら〜めんは、茂木産ゆずの芳醇な香り漂う至高の一杯。

たラーメンは、香りだけでなくしっかりとゆずの味も堪能できる逸品。地元で採れるゆずを人の手によってひと玉ずつ手搾りしているので、苦みが少ないのだ。

チャーシューなど肉類が入っていないのは今どき珍しいが、野菜はたっぷり。そのヘルシーさも女性に人気がある秘密だろう。見ていると、スープを飲み干す客も多い。こんもりとトッピングされたすりおろしゆずが、さっぱりした塩味のスープを引き立てる。

私が最初に食べたのはまだ1回目のグランプリを受賞する前だった。道の駅を訪れると建物の正面に「ゆず塩ら〜めん　10万食達成!」という横断幕があり、それにつられて食べた。

実はそこまで期待していなかったのだが、あまりのおいしさにスープまで飲み干した記憶がある。

２回目は、グランプリ受賞後だった。店の前には大行列ができていて、さすが「道－１グランプリ」の影響は大きいなと感心した。よく見ると、建物の外に臨時のテントが張られていて、なんとそこにも人が並んでいた。「道－１」の効果、恐るべし。

ということで、グランプリ受賞直後は、平日でも混雑していて、１時間待ちは当たり前という行列必至の人気メニューとなっている。受賞以前は、平日１００食、休日１５０～１８０食だった売上げが、受賞直後は、平日８００食、休日は１０００～１２００食になったという。それは混雑するわけである。

ゆずだけでなくとちおとめも名産品。
箱買いしていく人が多い。

ゆずが収穫されるのは10～12月にかけて。多いときは１日に２トンものゆずをハンドル式の圧縮機で手搾りしているという。機械で絞ると余計な部分まで入って苦味、雑味のもとになるため、手搾りが徹底している。

もてぎでのゆずのように、道の駅で爆発的にヒットすると、地域経済に大きなインパクトを与えることができる。

農林漁業などの一次産業、食品加工の二次産業、流通・販売の三次産業のすべてを取り込む「六次産業化」の動きが全国各地で進み始めている。道の駅を旅する中でも、その六次化に取り組んでいる道の駅を目にすることは多い。ここ茂木町でも町ぐるみの六次化を推進していて、その代表となっているのが「ゆず」である。ゆずを加工して、ぽん酢やジャムなどを作って道の駅で販売。ゆずが主役となるような商品開発を進める過程で「ゆず塩ら〜めん」も生まれた。

イチゴの季節のみ販売するおとめミルク。道の駅で食べたなかでダントツのおいしさ。

お土産におすすめのゆず酢。ラーメンにほんの少し垂らすだけで香りが広がる。

いっぽう『バウム工房 ゆずの木』では、もてぎ産米粉でバウムクーヘンを作っている。もちろんゆずを加えた商品「ゆずバウム」もあり、頬張ると爽やかな香りが口の中に広がる。ほかに抹茶入りのバウムクーヘンなども販売。店内にはカフェスペースもあって焼きたてを食べられる。

道の駅の売店にはこれでもかというくらいにゆず関連商品が並ぶ。「ゆずジャム」「ゆずドレッシング」「ゆずしお」「ゆず酢」「柚子ポン酢」などさまざまなオリジナル商品が販売されているのだ。

手作りアイスコーナーは、常に15種類のオリジナルアイスが楽しめる人気スポットだ。ここで絶対的におすすめしたいのが、12月から5月末まで楽しめる「おとめミルク」である。

イチゴの収穫量日本一の栃木県にあって茂木町も例外でなく、とちおとめの栽培が盛ん。栃木産の完熟イチゴを目の前でフレッシュミルクアイスと混ぜ合わせた期間限定の人気ソフトクリームをぜひ試してほしい。

また食べ物だけでなく、ここはSLが見られる道の駅としても有名なところである。土日祝日のみ限定となるが、北側駐車場から1日2本見ることができる。1本目は12時頃、2本目は14時30分頃。

もてぎといえば、スーパーGTなどが行われるサーキット「ツインリンクもてぎ」も有名である。道の駅からは約6キロ。車でわずか8分の距離にある。

週末にはさまざまなイベントが行われているので、立ち寄ってみるのもいいだろう。

13 もてぎ

住所 栃木県芳賀郡茂木町大字茂木1090-1
電話 0285-63-5671
駐車台数 普通車用330台
大型車用6台
障害者用4台

主な施設
- おみやげけやき（営9時～19時［10月～3月は18時まで］ 休無休）
- 野菜直売所（営8時～17時 休第1・3火曜）

14 きつれがわ

美肌の湯と地元グルメ「あさの豚」で大満足

栃木県
さくら市

温泉

温泉を併設する道の駅は全国で130カ所以上を数える。現在1154カ所の道の駅があるので、1割以上は温泉を併設しているという計算になる。日帰り入浴ができるところがほとんどだから、道の駅に温泉を目当てに出かけるのもいいだろう。

ドライブして温泉に入ってリラックスしたら、地元ならではのグルメに舌鼓。新鮮な魚介類や野菜をお土産に買って帰れば半日旅の完成だ。

道の駅で車中泊しながら旅をしていると、食事と同じくらいお風呂に入るのが楽しみになってくる。しかも日本は温泉が多いので、今日はどんな温泉に入れるだろうと想像しながら、昼にクルマを走らせていることもあるくらい。とにもかくにも温泉が旅の楽しみのひとつであるのは、いわずもがなである。

水着を着用して利用するクアハウスには、歩行浴やハーブバスなどがある。

特に、魅力的な「うたい文句」があるところだと何度も入りたくなる。たとえば、最高の泉質とか、自分にぴったりの効能とか、絶景の露天風呂ありとか、そういったものだ。

道の駅「きつれがわ」は、東北自動車道・矢板ICから約13キロ。国道293号沿いにある。すぐそばには荒川が流れ、荒川水辺公園が隣接している。

道の駅にある温泉は喜連川温泉を源泉とし、喜連川城跡を中心にして点在する施設のうちのひとつである。

肌に対する効果が高いということで日本三大美肌の湯に選ばれている。

またまた登場した日本人の好きな「三大○○」。なお、三大美肌の湯は、栃木県の喜連川温泉のほか、佐賀県の嬉野温泉、島根県の斐乃上温泉の３カ所。ちなみに温泉カテゴリーの「三大○○」には、「三大美人の湯」というのもある。これは、群馬県の川中温泉、和歌山県の龍神温泉、島根県の湯の川温泉の３カ所だ。

さて、美肌の喜連川温泉だが、泉質はナトリウム塩化物泉。つまり、お湯の中に塩分を多く含むため、湯上がり後も肌の潤いを保つ保湿効果が高い。しっとりとした肌になるという呼び声が高く、それで美肌の湯と認められているのだ。

私が到着したのはちょうどお昼時。駐車場に車を停めると、目の前に小さな建物があり、看板に「日本三大美肌の湯 喜連川温泉 足湯」と書かれている。

浴槽は男女日替わりで利用する。
写真は「荒川の湯」の露天風呂。

無料で利用できる足湯は混雑していた。靴置き場、ロッカー、足洗い場がある足湯で、さらに入り口には手湯もある。源泉は同じ喜連川温泉ということなので足と手もきっと美肌になるに違いない。

道の駅のメインの施設は円筒型の建物で、ここに入浴施設「わくわく 湯の郷 きつれがわ」がある。施設内には露天風呂、ジャグジーがある。さらに水着を着用して入るクアハウスも併設していて、入場料を払えばどちらも利用可能だ。

実は旅の必需品として、水着とゴーグルのセットをクルマの中に積みっぱなしにしている。旅の期間中、当然のことながら移動はほとんどが車だ。歩くのは、道の駅の駐車場から建物まで――そんな日もあるため、どうしても運動不足になってしまう。そこでプールやクアハウスを併設しているところでは、できるだけ利用するようにしていて、スイミングや水中歩行で運動不足解消をする。

「ごちそう喜連川ラーメン」はヤシオマスとアユからダシを取った濃厚な一杯。

きつれがわのクアハウス施設は、歩行浴、ハーブバス、シルキーバス、電気風呂、ストロングバスなどいろいろな浴槽が楽しめる。

このときは温泉のみを利用した。温泉入浴後は肌がしっとりと感じられるのと、確かに湯冷めしにくかった。

駐車場脇にある足湯。美肌の湯と同じ源泉を使っている。

湯上りに軽くボーっとリラックスしたあとは食事。入浴は意外とカロリーを消費するのでお腹が減る。フードコート「竹末道の駅本陣」のおすすめメニュー「ごちそう喜連川ラーメン」をズルズルといただく。鶏、鮎、ヤシオマスからダシをとった特製スープに地元製麺所の手もみ麺がよく合う。ネギなども地元産を使い、トッピングのウナギとヤシオマスのペーストを溶かすことでうま味が増し、味の変化が楽しい。

ヤシオマスはニジマスから改良した品種で、1キロを超える大型魚。那珂川の支流・

荒川の伏流水を利用して養殖されていて、生でも食べられるというのがウリだ。

栃木のブランド豚「あさの豚」を使った豚丼が食べられるのは牧場直営のレストラン「あさの牧場」。全国にはいろいろなブランド豚があるが、「あさの豚」は、きめの細かい肉質と、ほのかに甘い脂身が特徴。那須連山を望む田園風景の中、ストレスの少ない環境で飼育された「あさの豚」を使った豚丼はボリューミー。

温泉、足湯、手湯といった入浴を中心に、豚丼にラーメンという地元グルメ、お土産には地元さくら市で採れた野菜を直売所で買える。

きつれがわなら、まさに三拍子揃った完璧な半日旅が楽しめる。

14 きつれがわ

住所 栃木県さくら市喜連川4145-10
電話 028-686-8180
駐車台数 普通車用230台
大型車用17台
障害者用４台

主な施設
- 新館直売所（営９時～18時 休第２・４月曜）
- 道の駅温泉（営10時～23時［最終受付22時30分］ 休同上 料500円）

15

遊べて泊まれる体験型ファームパーク

うつのみや ろまんちっく村《むら》

栃木県
宇都宮市

体験

何しろ広い道の駅である。東京ドーム10個分という滞在型ファームパークの中には、体験農場、ドッグラン、温泉、プール、宿泊施設がある。

「農と食」をテーマにしていて、1回訪れただけでは全容を把握するのは難しいくらい。広大な敷地の中にさまざまな施設が集まっている。

東北自動車道・宇都宮ＩＣから約3キロ。車なら5分で到着するので、アクセスは便利だ。国道２９３号に入ると間もなく看板が見えてくる。

その規模の大きさは、まず駐車場で実感できるはずだ。私が訪れたのは平日だったので入場ゲートに一番近い第1駐車場前に停めることができたが、看板を見ると第4駐車場まである。入場ゲートまでは結構遠そうだ。

「アグリスパ」にある25メートル変形プール。夏季には屋外プールをオープンする。

ここでひとつ、ちょっとした「道の駅本」の賢い読み方をお教えしたい。

世の中には道の駅のガイドブックがたくさん出版されているが、誌面上で紹介されているスペースはどこも同じなので、ぱっと見で規模感はわかりづらいのが実情だ。

そこで誌面データから道の駅の大きさを知るためのひとつの目安になるのが駐車可能台数である。小さな道の駅では30台程度。「うつのみや ろまんちっく村」のように1000台を超えるところは実際にそれだけの収容台数が必要だということ。

つまり、休日ともなると大変なにぎわいを見せるということが想像できるのだ。

場内は、集落のエリア、森のエリア、里のエリアの3つに分かれている。道の駅としてのメインのエリアとなるのは入場ゲートから一番近い集落のエリアである。ここにはレストラン、フードコートがあるので、常ににぎわっている。

温泉、プール、宿泊施設のある「ヴィラ・デ・アグリ」もこのエリアにある。

レストランはブルワリーを併設していて、宇都宮産の麦芽を使った本格的なクラフトビールを飲むことができる。苦味がしっかりしていて飲みごたえあり。もちろん、私は家に持ち帰っていただいた。

このブルワリーは1月中旬から6月末頃までは見学会を実施している。見学体験料が1名600円。事前に電話予約しておくといいだろう。（ろまんちっく村クラフトブルワリー　電話028・665・8800）

森のエリアは、10ヘクタールの「みのりの森」を中心とした自然体験エリア。孟宗竹

46ヘクタールという広い敷地内に体験農場をはじめとして４つのエリアがある。

が植生された整備林では散歩やジョギングができる。毎年5月になると竹の子掘りが楽しめるという。

里のエリアには、鎧川沿いに広がる体験農場がある。「ろまんちっくふぁーむ」と名付けられた農場にイチゴハウスやクラインガルテンなどがある。農業体験プログラムを実施しているので、家族連れなどでにぎわうところ。またこの農場で育てられた野菜が園内のレストランや直売場に出荷されている。

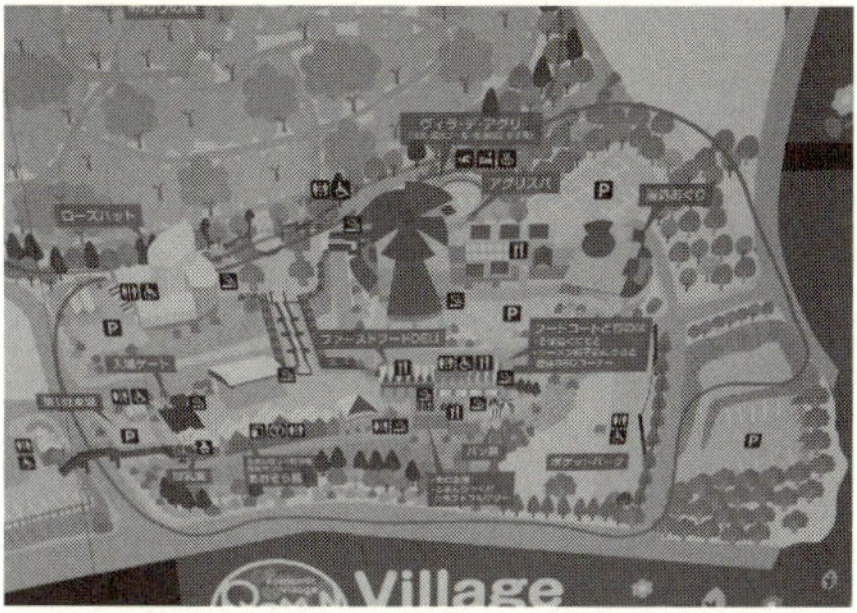

場内マップを確認しないと、自分がどこにいるのか分からなくなるほど広い。

というわけで、1日ではとても遊びきれないのがわかってもらえたと思う。

私はまず駐車場に車を停め、集落のエリアにあるレストラン「麦の楽園」に向かった。ここで地鶏を使った鶏丼を食べた。旬の食材を使った季節ごとの料理が味わえるのが嬉しい。

レストランで地元素材を使った鶏料理を堪能。地のものが味わえるのは旅の楽しみだ。

「ワンちゃんOKテラス」もあるので、ドッグランの行き帰りに寄ることもできる。

もしも、ここで宿泊するなど、その日に車の運転をしなくていいのなら、もしくはパートナーが運転をしてくれるなら、ブルワリーで作られたクラフトビールでのどを潤したい。

天然酵母を使った焼きたてのパンが食べられる「村のパン工房」や、ろまんちっく村名物のオリジナル餃子が食べられる「ラーメン餃子処にっさと」などもあり、やはり1日では食べきれない。

半日旅なら、私のように直売所でクラフトビールを買おう。また、オリジナル餃子はお持ち帰りでも買えるので、道の駅グルメを家で存分に味わうこともできる。

食事をして園内を散策したら温泉へ。宿泊場の中にある「湯処あぐり」を利用できるのだ。アルカリ性の単純温泉。マッサージルームや無料休憩室もあるので、入浴後もリラックスできる。またスパ施設「アグリスパ」は、水着とスイムキャップを着用すれば、屋内プール、サウナ、歩行浴、ジャグジーなどが利用できる。7月後半から8月までは円形の屋外プールがオープンする。

多様化し、それぞれに進化し、発展している道の駅は、いわばテーマパークのようになっているのだ。

ファミリーで農業体験やプールを楽しんでもよし、愛犬連れでドッグランを楽しんでもよし。週末のたびに出かけても、新しい発見や楽しみ方が見つけられる道の駅である。

15 うつのみや ろまんちっく村

住所 栃木県宇都宮市新里町丙254
電話 028-665-8800
駐車台数 普通車用1100台
大型車用12台
障害者用23台

主な施設
■あおぞら館（営8時30分～18時 休第２火曜）
■湯処あぐり（営10時～21時［最終受付20時30分］ 休同上 料要問い合わせ）

16 にのみや

生産量日本一、イチゴ好きの天国へ！

栃木県
真岡市

グルメ

道の駅には二宮尊徳の像が建っている。二宮金次郎とも呼ばれる、薪を背負って歩きながら本を読んでいる有名な像である。

我々の世代だと小学校の敷地内に銅像があったものだが「なぜ道の駅に？」と思ったら、ここは二宮尊徳にゆかりのある土地だそう。現在は合併して真岡市になっているが、それ以前は二宮町で、その町名の元になったのが二宮尊徳だったのだ。

小田原藩主に認められた二宮尊徳は、野州桜町の復興の命を受けて赴任。26年間にわたって復興事業を行った。その野州桜町が後の二宮町だという。

ここからが少しややこしくなるが、栃木県南東部にある二宮町は２００９年に真岡市と合併し、現在はなくなってしまった。しかし、道の駅はそれ以前の１９９７年に登録

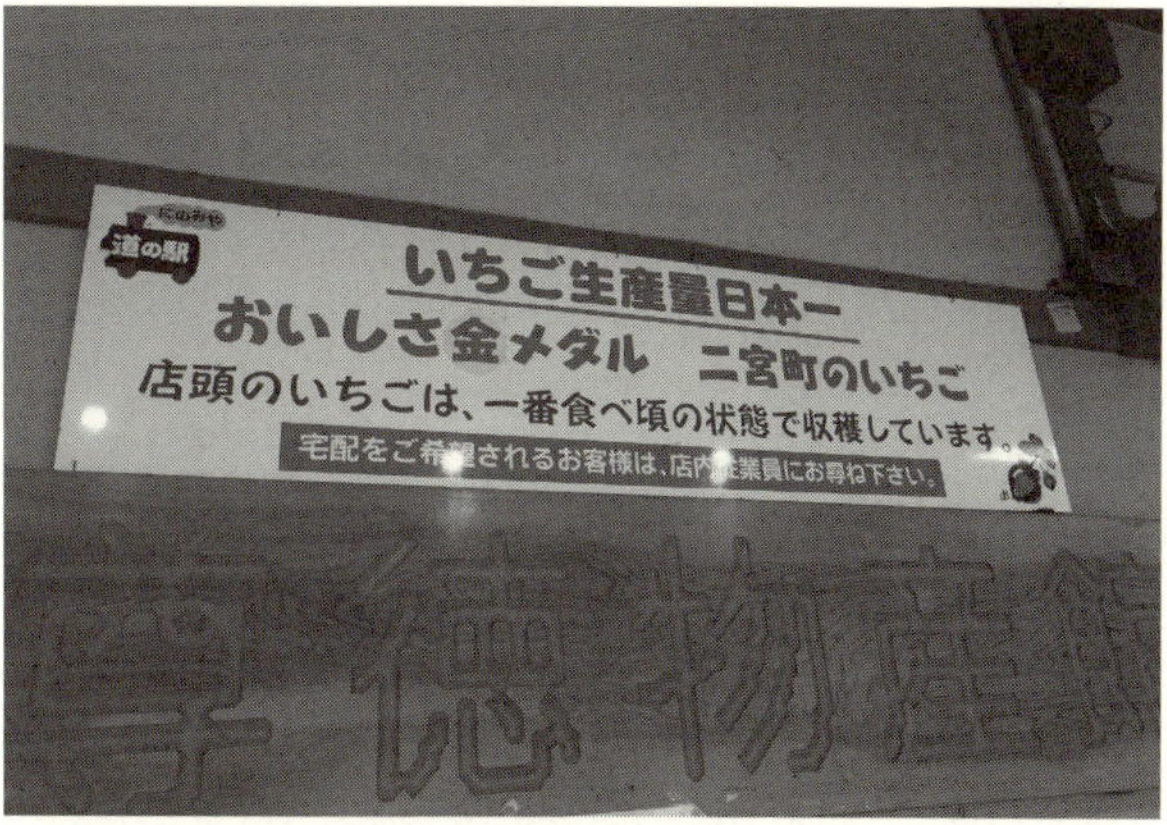

看板には二宮町の名前が残るが、真岡市に合併後にも日本一の生産量である。

されているので、にのみやという名前が残っているのである。そういった経緯から、道の駅にのみやには二宮尊徳の像が建っているわけなのだ。

ちなみに二宮尊徳は1787年生まれ。江戸時代後期に活躍した人物である。

真岡市には二宮尊徳が仕事をしていた役所跡が「桜町陣屋跡」として今も残っていて、その隣には「二宮尊徳資料館」がある。

というわけで現在、道の駅があるのは真岡市。「もおかし」と読む。栃木県は50年連続でイチゴの生産量日本一であり、その中でも真岡市が一番の生産量を誇る。

冬に晴れの日が多く、雨が少ないのがイチゴ栽培に適しており、栽培農家が広まったという。

道の駅ももちろんイチゴづくしである。約60台分の駐車場に車を停めて道の駅に向かうと、右側に温室がある。ここは「いちご展示温室」で、中では真っ赤に色づいたイチゴが鈴なりになっている。

冬には「とちおとめ」を含めて6種類「とちひめ」「女峰」「れいこう」「ほうこうわせ」「ダナー」、そして初夏から秋には「なつおとめ」の苗が展示される。

その隣には「いちごふれあい館」がある。ここでは映像やパネルを使って栃木のイチゴを紹介している。私が見たときは、新しいイチゴ「スカイベリー」を紹介していた。２０１４年11月に登録されたスカイベリーは果実が大きく食感にも優れている品種だ。甘さと酸味のバランスが良くジューシーだ。

贈答用は箱入り。自宅用はパックに入っていて安かった。

真岡市で主に栽培されているのは「とちおとめ」「とちひめ」「スカイベリー」。さらに初夏から秋に向けて収穫できる「なつおとめ」のおかげで、ほぼ1年中季節を問わずイチゴが楽しめる。

私が訪れたのは3月上旬で、ちょうどとちおとめの季節だった。温室の向かいには直売所があって、まるでイチゴの絨毯のよう。

スーパーのイチゴ売場とは様子がまったく違う。3段の棚はすべてイチゴで埋めつくされていて、その赤い色と芳香に圧倒される。

イチゴは大きさによって300円から500円くらいまでのパックが数多く並んでいた。その年によって違いはあるが、だいたい12月下旬から4月下旬が主力商品であるとちおとめのシーズン。

この期間中は栃木県内の道の駅で直売所があるところならばだいたいイチゴを販売しているが、にのみやの直売所に並んでいるよう

とちひめジェラートは、注文後にその場で作る。最後にイチゴをのせて完成。

な迫力あるディスプレイはほかではなかなかない。

冷やしていなくても、新鮮なイチゴは甘くておいしいと知ることができる。

生果だけではなく、イチゴを使った関連の商品もたくさん購入することができる。おすすめはスウィーツ工房で必食の「とちひめジェラート」だ。希少価値の高い「とちひめ」が中に入っていて、ジェラートの上にも半粒がちょこんとのっている。冬期限定商品で、フレッシュなイチゴを注文後に混ぜているので、イチゴの味が強く感じられる。

名前だけの「にのみや」つながりではなく、二宮町に住んでいた二宮尊徳である。

ほかには、夏季限定のなつおとめシュークリーム、なつおとめフロマージュ、なつおとめロールケーキ。冬季限定のプレムアムとちおとめロールケーキなどもペロリといけてしまう。

私はまた食べたことはないが、気になっているのが、いちごカレーだ。イチゴで炊いたごはんを使ったカレーで、ルーにもイチゴを使っている。土日祝日の限定メニューで、チャレンジ心をくすぐられる。薄いピンク色のゴハンはその旬のイチゴを使って炊き上げている。

真岡市内には、イチゴ狩り専用のビニールハウスが約50棟もあるので、時期を合わせて道の駅へ行くのもいいだろう。さらに、真岡市のイチゴ狩りは時間無制限の食べ放題。12月から5月くらいまで、とちおとめが食べられる。

イチゴ好きならば行って損はない。季節限定の商品もあるから、季節を変えて楽しめるのも嬉しい。

16 にのみや

住所 栃木県真岡市久下田2204-1
電話 0285-73-1110
駐車台数 普通車用48台
大型車用27台
障害者用２台

主な施設
- いちご愛菜館（営9時～18時　休第３火曜・年末年始）
- にのみや食堂（営9時～18時　休第３火曜・年末年始[８月は変更あり]）

Column

全国9ブロック。「道の駅スタンプ帳」は知らなきゃ損!

道の駅には必ずスタンプが置いてあるのをご存じだろうか。タテヨコ8センチくらいの大きさで、絵柄はさまざま。たとえば歌手・北島三郎さんの出身地として知られる北海道・知内町にある「しりうち」のスタンプ絵柄には北島さんのイラストが使用されている。ご当地キャラクターだったり、名勝や景色のデザインになっているところもある。

スタンプを集めて見くらべるだけでも楽しいのだが、道の駅でスタンプ帳を購入したら、スタンプラリーに参加するのもいい。道の駅は北海道、東北、関東、中部、北陸、近畿、四国、中国、九州・沖縄の9ブロックに分かれていて、それぞれにスタンプ帳がある。駅の走破数によって応募できるプレゼントがあったり、完全走破で記念のステッカーがもらえたり、ブロックごとに特典はさまざま。

北海道ブロックのスタンプ帳は200円。スタンプ帳では道内の道の駅の紹介がされていて、おすすめグルメ情報などをチェックできる。さらに北海道では、スランプラリー帳持参サービスも実施。たとえばソフトクリーム10％引き、ソフトドリンク80円引きなどといった具合だ。毎回特典を受けていたら、スタンプ帳の購入代金くらいはすぐに元が取れるので、使わない手はない。私も実際に中部の道の駅のプレゼントに応募して、地元の特産品詰め合わせセットを手に入れたことがある。

また、スタンプ帳は売り切れることがあるので注意しよう。特に開催期間終了が近いと売り切れることが多く、次の年度が始まるまでおあずけになってしまう。

この情報が必要な方はそれほど多くはないと思うが念のため紹介だけしておこう。古いスタンプ帳と新しいスタンプ帳に押したそれぞれのスタンプを合わせて、「完全走破」の申請はできないので注意してほしい。スタンプ帳の新旧またいでの収集は、オフィシャルとしては認められない。時間をかけて完全走破を目指す場合は、年度が代わっても古いスタンプ帳のままラリーを続けよう。

道の駅がお休みのときは基本的にスタンプが押せないので注意が必要だ。私自身も何度か痛い目にあっている。ルート選びと同時に営業日にも注意しよう。

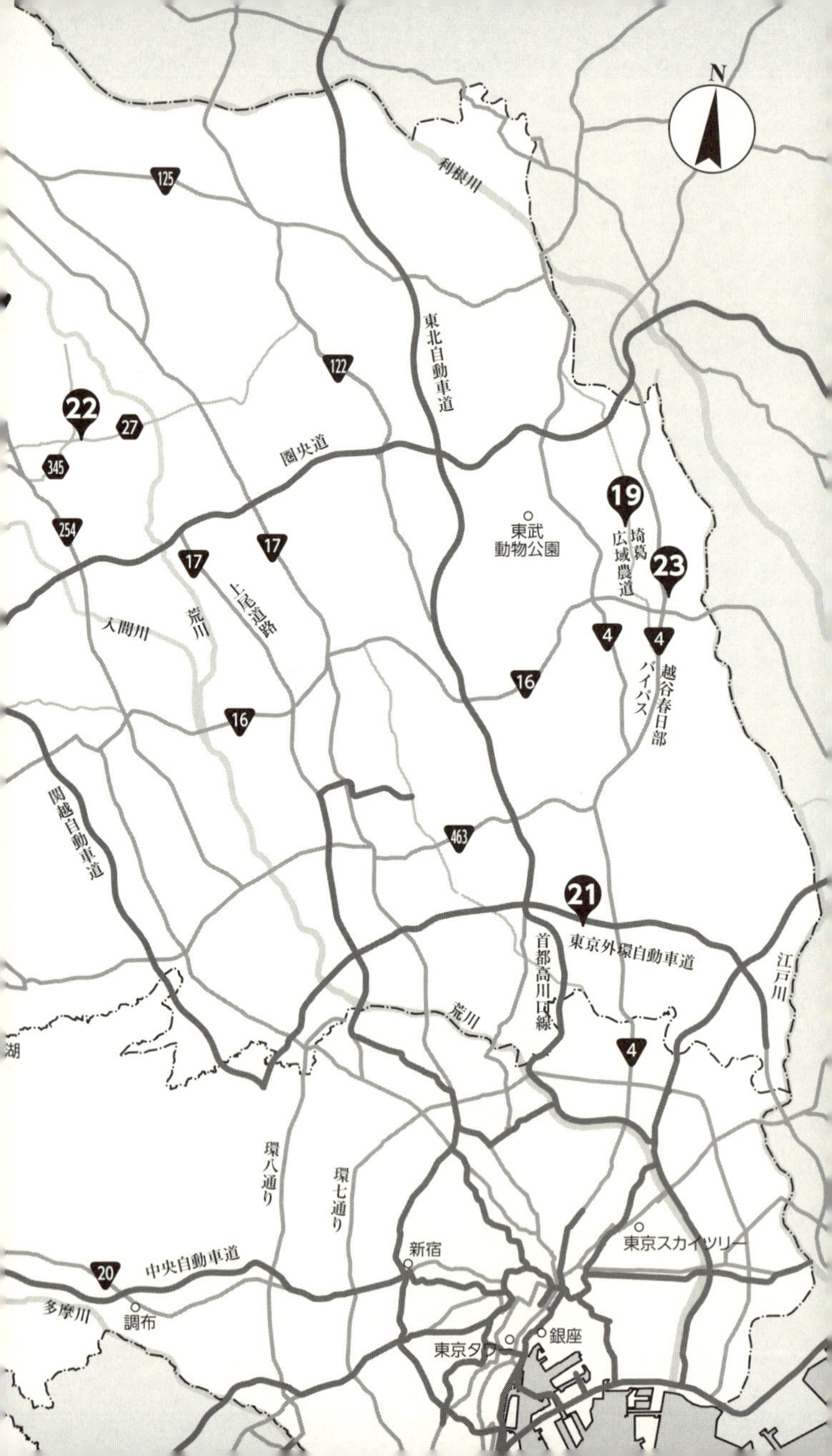
N
利根川
125
東北自動車道
122
22
27
345
圏央道
19
東武動物公園
埼葛広域農道
23
254
17
17
上尾道路
荒川
入間川
4
4
越谷春日部バイパス
16
16
関越自動車道
463
21
東京外環自動車道
首都高川口線
江戸川
荒川
湖
4
環八通り
環七通り
東京スカイツリー
新宿
中央自動車道
20
多摩川
調布
東京タワー
銀座

第3章

都心からの好アクセスが人気

東京・埼玉エリア

17

東京都唯一の道の駅は野菜が豊富

八《はち》王《おう》子《じ》滝《たき》山《やま》

東京都
八王子市

グルメ

全国各地で広がりを見せる道の駅だが、都道府県別でどこが一番多いかご存じだろうか。1位は北海道で124カ所である。北海道の面積は日本全土のうちの約22％、全国の道の駅の1割以上が北海道にあるというのは納得ができるだろう。

2番目はどこかというと、これはなかなか当たらないと思う。面積でいうと岩手県、福島県と続くのだが、正解は岐阜県で、56カ所。実際、日本一周をしているときに岐阜県を回るのは大変だった。北海道は広いので「駅間」が100キロ以上離れていたりして大変だったが、岐阜の場合は山道が多く、しかも一筆書きで行くことができず、行ったり来たりで苦労した。

道の駅の始まりは1993年の103カ所からとされている。実はその1年前に社会

交通量の多い街道沿いにあり、道の駅本来の休憩所として役割を担っている。

実験がスタート。国土交通省の資料によると、実験は山口県、岐阜県、栃木県の3地域の市町村が主体となって12カ所で行ったが、そのうち7カ所が岐阜県にあった。そんな経緯があったために、その後も岐阜県には道の駅が増えていったのかもしれない。

ちなみに3位は長野県で50カ所、4位新潟県39カ所、5位兵庫県36カ所とつづく。

逆に道の駅が少ない都道府県はどこかというと、3位は沖縄県で8カ所。沖縄にも道の駅があるの？と驚かれることがあるが、沖縄の道の駅はどれも魅力的で個人的に好きなところが多い。2位は神奈川県の3カ所、そして一番少ないのが東京都でなんと1カ所しかない。ちなみに都道府県別で最も面積が小さい香川県でも18カ所ある。

八王子は都内で農業が盛んなエリア。道の駅でも八王子産の野菜を販売する。

その東京の１カ所というのが道の駅「八王子滝山」である。道の駅には広い敷地が必要なので、土地代が高い東京で道の駅を作るというのは大変なことなのだろう。

実は私にとって八王子滝山は思い入れある道の駅だ。全国の道の駅巡りをスタートしたのは、２０１４年３月。はじめに行ったのが、山梨県の道の駅「どうし」だった。そして２０１６年６月、これでひとまず旅は終わりという１０５９カ所目となったのが、ここ八王子滝山だった。これで一区切りという達成感に浸ったのでよく覚えている。

場所は中央自動車道・八王子ＩＣで下りて、国道16号を川越方面へ進み、都道１６９号線沿いにある。ＩＣから約５分で到着する。交通量の多い通り沿いにあって、他府県の道の駅とくらべると、より休憩所的なロケーションではある。しかし、やはりそこは道の駅。農産物販売コーナーがあって、野菜の直売が充実している。

八王子は都内で最も農業が盛んだ。八王子滝山の農産物直売所「ファーム滝山」では、江戸時代から八王子で作られてきた伝統野菜や、八王子産のお米も売られている。

フードコート「やさいの食卓八農菜」は、八王子のご当地ラーメンを堪能できる。刻み玉ネギをトッピングした八王子らーめんは、どさりと盛られた玉ネギのおかげで醤油スープがあっさりとした味わいに。

首都圏を拠点に道の駅巡りをするのなら、東京都内唯一の希少な道の駅に、一度は行っておくべきだろう。

17 八王子滝山

住所 東京都八王子市滝山町1-592-2

電話 042-696-1201

駐車台数 普通車用55台
大型車用５台
障害者用２台

主な施設

- ファーム滝山、物産販売コーナー（営9時～21時）
- やさいの食卓 八農菜（営9時～21時［LO20時］）

18

「大人の社会科見学」するならここで決まり！

おがわまち

埼玉県
小川町

体験

私は埼玉県出身である。埼玉県といえば、昔から定期的に自虐ネタのヒット作が出る土地柄ではあるが、私自身はささやかな郷土愛を持っている。春日部のタンスや岩槻のひな人形などは、全国に誇れる特産品だ。

しかし、埼玉の工芸品はほかにもたくさんあるんだ！　知らなかった！　と、ささやかだった郷土愛に点火してくれるのが、道の駅「おがわまち」だ。

関越自動車道・嵐山小川ＩＣから約10分。小川町は周囲を山々に囲まれた盆地にあり、その名の通り清流の恵みを受けて発展してきた町だ。道の駅「おがわまち」は、国道254号沿い、隣が警察署という町の中心域にある。

道の駅には「埼玉伝統工芸会館」が併設されている。ぜひとも挑戦したいのが、特産

紙すきをする人形がお出迎え。手にしている道具が「すけた」である。

の和紙の手すき体験だ。駐車場に車を停めると、紙すきをしている大きな人形が目に飛び込んでくる。とにかくここは和紙作りが一押しなのだ。

なんといっても、国の重要無形文化財に指定されていて、1300年以上の歴史を誇るというのだから、それはもっと知ってほしいと懸命なPRをしているのもうなずける。

ここで和紙作りが盛んになった理由は、小川町を縦横に流れている清らかで水量豊富な兜川の水。そして原材料となるコウゾがもともと自生していたこと。さらに、江戸という和紙の大消費地が近かったのも味方した。

和紙は原料となるコウゾを蒸して、乾かし、川の水で洗うなどを繰り返し、繊維を細かくしたものをすけたという道具ですいて、それを乾かしてようやく完成。とてつもなく手間のかかる作業が必要だ。

小川町近辺には最盛期で750軒もの紙すき家があった。なかでも小川和紙の銘品として重要無形文化財の指定を受けているのが「細川紙」だ。

細川紙は小川町と東秩父村に伝承されている伝統的な手すき和紙で、原料にコウゾのみを使用。強靭さとつややかな光沢があり、紙面が毛羽立ちにくい。竹簀《たけす》による流漉《ながしすき》であることも重要無形文化財の指定要件になっている。

ちなみになぜ小川紙ではなくて細川紙といわれているかというと、もともと紀州高野山の細川村（現在の和歌山県高野町）ですかれていた細川奉書の技術がルーツなのだとか。それが江戸時代中期頃に小川町周辺に入ってきて、今ではすっかり「小川町といえば細川紙」というほどの名産品だ。

埼玉県伝統工芸会館には県内の工芸品が多数展示されている。

さて、和紙の手すき体験では、小川和紙の職人さんによる手慣れた手すき和紙の技を見学できるのはもちろんのこと、職人さんに指導してもらいながら、紙すきの体験ができるから、初めてでも安心だ。水が入った大きなおけの中に原材料のコウゾを繊維状にして漂わせ、竹で作った簀の子を入れて水をこす。一度はテレビなどで見たことがある、まさにアレである。やはり加減が難しい。

1枚紙（約45×33センチ）をすくのが280円。ほかにもハガキや色紙など作るものが選べる。作ったものは後日郵送（送料別）となる。9名までの個人の場合は予約なしでも受け付け可能だ。

入場無料のお土産コーナーで和紙製品を購入できる。写経用の和紙が多い。

「埼玉伝統工芸会館」では、常設展も行われていて、埼玉県指定のさまざまな伝統的手工芸品を見ることができる。

岩槻人形、春日部桐箪笥、手書き鯉のぼり、越谷

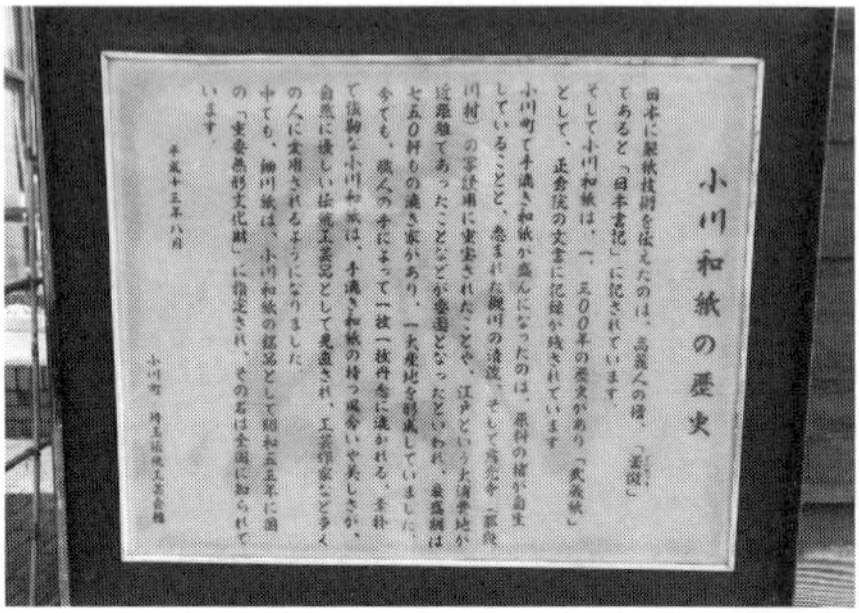

歴史を知り和紙に親しみが持てるようになり、紙すき体験でその大変さがよく分かる。

張子だるま、草加本染ゆかた、飯能大島紬、所沢人形（押絵羽子板）などなど、その数は20産地30品目に上るという。入館料は大人３００円、小中学生１５０円。

入り口近くには、入場無料のお土産コーナーがあって、和紙関連商品が購入できる。

レターセットのほかに、写経用紙がいろいろあるのに気がついた。きっと世の中には密かな写経ブームが存在していて、「やっぱり写経は小川町の和紙に限る」という声があったりするのだと思う。

確かに、和紙に筆で字を書けば、心の平穏が得られそうだ。

いっぽう、小川町には「大人の社会科見学」ができる細川紙と、もうひとつ見逃せないものがある。それは、野菜。小川町は有機農業の盛んな地域として、全国で知られているのだ。特に下里集落は有機の里として有名。下里には１９７１年から有機農業を始めた金子美登さんの「霜里農場」があって、40年以上にわたって有機農業を続けることで、現在では集落全体が有機農業になったという。

　道の駅にある農産物直売場ではその有機野菜を始めとして、１００人を超える地場生産者が育てた野菜を購入することができる。菊芋、ヤーコン、タモギ茸などスーパーではあまり見ることのない野菜も入荷する。有機農業生産者コーナーが設けられていて、季節ごとに旬の農産物を販売している。

　紙すきと有機野菜というふたつの名物が体験できる「意識の高い」道の駅である。

18 おがわまち

住所 埼玉県比企郡小川町大字小川1220
電話 0493-72-1220
駐車台数 普通車用96台
大型車用７台
障害者用４台

主な施設
- 工芸の里物産館（営9時30分～17時　休月曜、祝日の翌日、年末年始）
- 麺工房かたくり（営10時～16時［食事は11時～14時］　休同上）

19

アグリパークゆめすぎと

穫れる、遊べる、食べられる！　農業を楽しもう

埼玉県
杉戸町

体験

野菜を作り、収穫体験し、食べ、お土産に買って帰ることもできる――アグリパークゆめすぎとの「アグリ」は英語のアグリカルチャー（農業）からきている。その名の通り、農業で楽しく遊ぼうというコンセプトの道の駅だ。

細長くて大きなオレンジ色の屋根が目を引く建物。東入口から車を入れて駐車場に停め、建物に向かって歩いて行くと、円形の花壇が最初に目に入る。

その真ん中に置いてある、太陽のようなヒマワリのような像は、道の駅のイメージキャラクター「ぴかる」。園内のあちこちでイラストとして登場する。最近よく話題になるデザインマンホールにもなっているので、園内を探してみよう。

建物を正面に見て左側が本館棟で、ここにはレストラン「あぐり亭」が入っている。レ

味麗豚を使った生姜焼きがおいしかった。脂の香りがよくジューシー。

ストランというよりは食堂といったほうがしっくりくる、そんな親しみやすいお店だ。

ここでおすすめしたいのが、埼玉県産のブランド豚・味麗豚《みらいとん》を使ったメニューだ。

全国の道の駅のレストランでは、ご当地牛、ご当地豚などの銘柄肉は人気メニューの定番だ。

これまで道の駅グルメをいろいろと食べてきた私の経験から言わせてもらうと、そういうブランド肉は、まず間違いなくおいしい。

あぐり亭では味麗豚の生姜焼き定食、とんかつ定食、カツカレー、かつ煮定食、かつ丼が食べられる。どれにしようか悩んだあげく、ここはシンプルに生姜焼き定食で勝負。

脂に甘みがあってジューシーで、ご飯がすすむ。豚肉好きにとっては、「豚は脂」なのだそうだが、これは納得のうまさだと思う。

定食に付いてくるお米は杉戸産特別栽培米を使用していて、これがまたうまい。気がつけば、いつの間にか完食していた。

建物の右側には農産物直売所がある。特長は、食品加工所も一体化しているところ。地元杉戸町産の旬の野菜がメインだが、食堂で食べた味麗豚もここで購入ができる。しゃぶしゃぶが絶品だというから、相性のいい杉戸の野菜と一緒の鍋に入れれば絶対においしいはずだ。

レストランで食べておいしいと思った素材をバンバン買って帰りたい。そうそう、おいしいお米も「アグリのお米屋さん」で玄米のまま販売している。希望すれば無料で精米をしてくれるのが嬉しい。

駅内にあるカントリー農園では、季節によってさまざまな野菜の収穫体験ができる。

このオレンジ屋根の本館だけでも杉戸町の「アグリ」を感じられたが、この道の駅の魅力はこんなものではない。建物の外にこそ、「農業エンターテインメント」の真髄があるのだ。それが「カントリー農園」。旬の野菜の収穫を通じて農業に親しみ、土と触れ合い、自然を楽しめる。そんなワクワクする体験がここにはあるのだ。

ダイコン、コマツナ、キャベツ、ブロッコリー、ホウレンソウ、サニーレタスなどさまざまなものが収穫できる。カントリー農園は、本館から少し離れた場所にあるので、西駐車場へ移動するといい。

残念ながら現在は空きがないそうなのだが、カントリー農園内にある「ふれあい農園」は1年契約で農地の貸し出しをしている。区画料金は年間で、3000円（10平米）～9000円（30平米）と超リーズナブル。

夏休みやゴールデンウィークなどは満席になるほど人気のバーベキュー広場。

地元産の玄米が１キロ単位で購入できるアグリのお米屋さん。無料で精米も可能。

実は私も千葉県でいわゆる「家庭菜園」を借りて楽しんでいる。自分で育てた野菜は手間暇かけたこともあって、おいしさが倍増するもの。道の駅に遊びに行って、そのついでに畑の世話をするなんて、どちらの楽しみも知っている私にとってはベストな組み合わせに感じるが、いかがだろう。

野外のお楽しみは農園だけではない。アウトドアブームもすっかり定着したようで、バーベキューができる公園はどこもにぎわっているが、この道の駅にもバーベキュー広場があり、当然大人気だ。

ゴールデンウィークや夏休みなど、いい季節になると予約でいっぱいになる。なんといっても、新鮮でおいしい肉と野菜は農産物直売所で買えるし、収穫体験で穫ってきたばかりの野菜を持ち込むのもＯＫだ。12月から2月までは冬期休業。バーベキュー広場の利用は要予約で、施設利用料金は広さによって異なる。

ちなみにバーベキュー広場の最寄りは南駐車場。道の駅の中でも施設によって車で移動が必要なくらい広い。

本館は真ん中がアーチ屋根になっていて公園側に抜けられる。その先には東京ドーム約２個分の芝生公園が出現。ローラーすべり台やふわふわドームでは小さい子供がはしゃいでいる。夏場はジャブジャブ池で水遊びもできる。

ファミリー世代にとっては、子供が思いっきり大きな声を出してはしゃげる場所があるのがポイントだろう。土を触る機会が貴重になっているのは寂しいこと。こういう道の駅を活用する子育てもいいものだと実感した次第である。

19 アグリパークゆめすぎと

住所 埼玉県北葛飾郡杉戸町大字才羽823-2
電話 0480-38-4189
駐車台数 普通車用468台
大型車用25台
障害者用７台

主な施設
■農産物直売所（営９時～17時　休第1・3水曜、年末年始）
■食堂あぐり亭（営10時30分～17時［土・日・祝は10時から］　休同上）

20

龍《りゅう》勢《せい》会《かい》館《かん》

手作りロケットと民衆蜂起。秩父民のアツさを実感！

埼玉県
秩父市

体験

「龍勢会館」とは変わった名前だなと思って道の駅へ向かった。関越自動車道・花園ＩＣより国道１４０号、県道37号線経由で約45分。秩父の山の中にあるため、高速道路を下りてから少々距離はある。

道の駅の右手にある建物「龍勢茶屋」には、農産物直売所と軽食が食べられる食堂が入っている。里山がすぐ背後に迫っている正面には、ふたつの建物が立っている。白い蔵のようにこぢんまりとたたずむ向かって右側の建物は、「秩父事件資料館」。秩父事件とは１８８４（明治17）年に起きた養蚕農民から始まった武装蜂起だ。農産物のデフレで、借金を抱え、納税もできなくなってしまった秩父郡の農民が止むに止まれず急進化してしまったという。

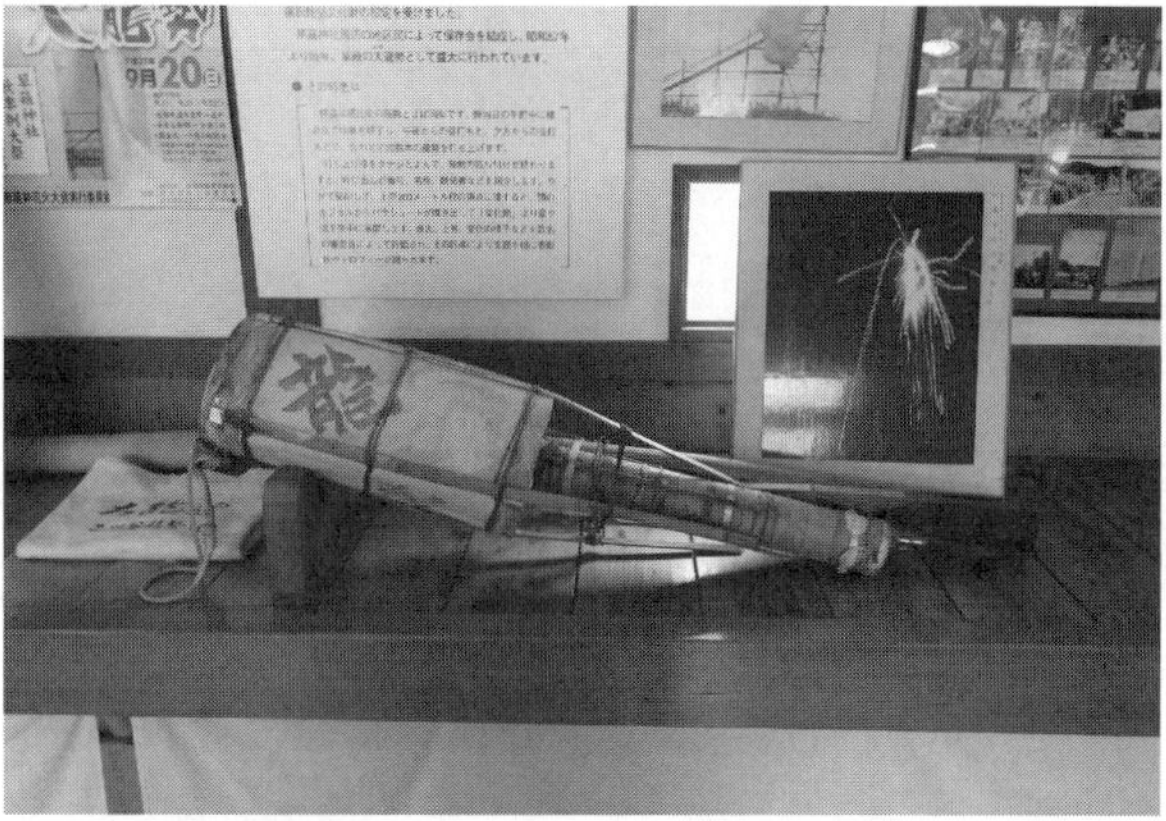

秩父以外でも手作りロケットが奉納される地域があり、その模型も展示。

秩父事件１２０周年を記念して、２００４年に映画『草の乱』が制作された。白い建物は秩父事件の主要人物であった井上伝蔵邸を復元したもの。その中で事件の資料や映画撮影の衣装や小道具が展示されている。

そして正面から向かって左側にある大きな建物こそが、道の駅の名前にもなっている「龍勢会館」である。「龍勢」というのは、埼玉県秩父市にある吉田椋神社の例大祭で奉納される〝手作りロケット〟を指す。

秩父では年がら年中お祭りが行われているが、吉田椋神社の例大祭はやはり異色。この施設では例大祭に奉納する手作りロケットをいつでも見られるように建てられたそうだ。館内には１５０インチのスクリーンで龍勢の製作や祭りの様子がわかる映画を観賞することができる。

　秩父の人たちの祭り好きは有名だが、それにしても変わった祭りもあるものだ。

　奉納されるロケットは全長約20メートル。先端に火薬の入った筒を付けて打ち上げる。火薬筒は松丸太を半分に割って中をくり抜き、そこへ火薬を詰める。その口径が約10センチ、長さは約60センチ。それに青竹の矢がらを取り付ける。火薬筒に点火すると、轟音とともに龍勢が約３００メートルの上空へ！　なるほど、モクモクと煙を吐き出しながら打ち上がっていくこの様子こそが龍にたとえられたというわけだ。

打ち上げ台から白煙を上げて打ち上がる龍勢。ときどき打ち上げに失敗することも。

　館内には実物の龍勢の展示がある。映画より実物は迫力があり、こんな大きなものが飛んでいくのかと驚く。実物大のやぐらも組んである。やぐらは観客席から遠いところにあるので、近くで見ることはできない。やぐらの両脇に階段が付いていて、上の様子もわかるようなっている。

ちなみに花火のことを火薬取締法では「煙火《えんか》」といい、龍勢のような手作りロケットのことを「打ち上げ式煙火」というそうだ。日本以外の国でも龍勢のような打ち上げ式煙火が存在していて、タイの似たようなものが展示されていたのが興味深かった。

館内に組んである実物大のやぐら。両脇の階段から打ち上げ台の全容が見える。

また2018年3月には龍勢が国の重要無形民俗文化財に指定された。製造から打ち上げまでを地域の人たちが行っている打ち上げ式煙火が希少な伝承例として認められたのだ。手作りロケットを作り、飛ばすのは伝統を受け継ぐ27の流派。

打ち上げ場所にはやぐらが組まれてそれぞれの流派の人たちがロケットを担ぎ上げる。独特の口上を述べた後に点火。打ち上げられ

打ち上げ順や時間などが書かれた墨書きの看板が道の駅にある。

たロケットは最高点に達すると爆発し、ロケットの中の背負い物と呼ばれる仕掛けから、唐傘やつるし傘などがひらひらと落ちてくる。

またこの龍勢打ち上げシーンが登場するアニメ『あの日見た花の名前を僕達はまだ知らない。』の影響で、全国からアニメファンがやってくるそうだ。登場人物のイラストやパネルも飾られていた。例大祭では実際にアニメをテーマにした龍勢の打ち上げもあり、吹き替えを担当した声優が口上で盛り上げる。

龍勢の打ち上げが行われる吉田椋神社は道の駅から８５０メートル。例大祭は毎年10月の第２日曜日に行われる。８時40分から17時まで約15分間隔で、計30本が打ち上がる。

龍勢会館の外には木製の大きな看板があって、龍勢の打ち上げ順番、時刻、奉納者、製造流派の名前が墨書きで書いてあった。15分間隔というと間が空いているように感じるが口上もあるので見るのもなかなか忙しい。

吉田龍勢保存会のウェブサイトにはアメリカ航空宇宙博物館の局員の「もしも世界中の物理学者が吉田の龍勢を知っていたら、宇宙ロケットの歴史はもう10年早く始まっていただろう」というコメントが載っている。ロケットが好きならばぜひ見てほしい。

例大祭当日はもちろん混雑するので、しっかりと見たいという人は有料の席を予約して行ったほうがいいだろう。

20 龍勢会館

住所 埼玉県秩父市吉田久長32
電話 0494-77-0333
駐車台数 普通車用74台
大型車用９台
障害者用３台

主な施設
- 龍勢会館（営９時～17時［入館は16時30分まで］ 休火曜 料300円）
- 龍勢茶屋（営11時～15時30分 休12月31日～１月２日）

21

川《かわ》口《ぐち》・あんぎょう

名産は植木。売り場もイベントも植物でいっぱい

埼玉県
川口市

体験

東京都の北側、荒川を越えたところに埼玉県川口市がある。都内には八王子市に1カ所だけ道の駅があるが、東京の北部に住んでいる人にとっては、川口市にある道の駅「川口・あんぎょう」が最寄りということになるだろう。

川口市は鋳物の町として有名である。私は埼玉県蕨市で生まれ育ったので川口市は距離も近く、子供のときは家の近くに鋳物工場があった。使わなくなった鋳型の型をもらって、道に落書きしていた想い出がある。

そしてその川口市の安行は植木の町としても全国的に有名である。その歴史は古く、江戸時代から庭木を育てる職人によって技が磨かれてきた。

日本には四大植木生産地があり、安行はそのうちの1カ所に数えられる。ほかは、愛

吹き抜けのアトリウムは植物園のような広さで、植物を展示販売する。

知県稲沢市、大阪府池田市細川周辺、福岡県久留米市田主丸周辺である。

道の駅の目の前には、東京外環自動車道の高架が走っている。三郷方面からは、草加出口から国道298号経由で約2キロ。所沢方面からは川口西出口より国道298号経由で約5キロの位置にある。

さらに首都高からも東北自動車道からもアクセスできるので、首都圏半日旅にはもってこいのロケーションだ。

私が訪れた3月上旬は、駐車場の脇に寒桜が咲いていた。季節がいいのでこれから庭木を植えようとしている人が買いに来ているのだろうか、第1駐車場は満車だったこともあって、少し離れた第2駐車場に車を停めて、歩いて移動した。建物に隣接する第1駐車場は狭くて車が停めづらいので、第2駐車場がおすすめだ。

　道の駅には川口緑化センター（樹里安）の5階建ての建物がある。この建物は1996年に緑化産業の総合拠点として、道の駅とともにオープンした。建物にはゆるやかにウェーブした大きな屋根が付いているのが特徴。

　入り口の門の前に看板があるのを見つけた。「造園・個人の庭園　庭木のお手入れ　お気軽にご相談下さい」と書いてある。さすがは植木の町にある道の駅である。考えたことがなかったが、庭作りとはそれくらい楽しいことなのかもしれない。

　場内に足を踏み入れると、建物の前まで距離があるのだが、そこここに、かなり大きな庭木が根っこの部分をむしろでくくられたようになって置いてある。見上げるような

花をつけた梅が販売されていた。大きな庭木から、鉢植えまで取り扱う。

背の高い木も置いてあり、こんな大きな木も売られているのかとちょっと感動する。

そんな植木に縁のある安行の道の駅であるから、植木が売られているのは当たり前で、庭木はもちろん、鉢植えの観葉植物も販売されている。

店外にもたくさんの種類の植物が展示販売されている。価格も安い。

ちょっと大きな観葉植物などは都内のインテリアショップで見るとびっくりするような高い値段で販売されているが、ここならばかなり安い値段で買えるのでおすすめだ。

建物に足を踏み入れると1階が吹き抜けのアトリウムになっていて1400平方メートルの広さに観葉植物などが所狭しと並んでいるので、観賞しているだけでも楽しい。

2階にはレストランがあって屋外庭園の緑を見ながら食事を楽しめる。3階は会議室、4階は情報センター、5階にはラウンジと屋上庭園があり、ラウ

2階の資料展示コーナーでは植木の町・安行の起源や歴史について学べる。

ンジで休憩しながら、庭園を眺めることができる。

川口緑化センターという場所柄、植物関係の展示会、イベント、勉強会も毎週のように行われているそうだ。たとえば苔玉の作り方講座、サクラソウを使った寄せ植え講習会など一般的なものがあるかと思えば、接ぎ木技術講習会、常緑樹の剪定講習会など、庭造りを本気でやりたい人のための本格的なものまで用意されている。

花の展示即売会や押し花展など、とにかく植物絡みのイベントがいろいろ。講習会などは内容によって参加費用が変わってくる。詳しい内容や料金についてはホームページの情報を見てほしい。

さらには、植木鉢をはじめ、その他の園芸用品などを扱う資材売場もあり、その内容も充実している。

このあたりの商品は近年ではインターネットで購入することもできるが、やはり実物を見ながらのほうが間違いがない。植物、関連商品がすべて手に入るので、週末にちょっと時間ができたらアトリウム見物ついでに見に来ると、いいものが手に入るかもしれない。

また、道の駅周辺にはたくさんの植木畑、生産農家、園芸売店がある。それらを回りながら散歩できるコースが2コース用意されている。健康コースは7キロで約2時間、短距離コースは2キロで約20分。

四季に応じて表情を変える植木畑を見るのも、週末旅にはいいだろう。花好き、植物好きな人におすすめだ。

21 川口・あんぎょう

住所 埼玉県川口市安行領家844-2
電話 048-296-4021
駐車台数 普通車用167台
大型車用5台
障害者用3台

主な施設
- 協同組合川口園芸販売
(営9時～18時[冬季、時間変更あり] 休年末年始、施設点検日)
- 川口芝菓子製造組合(営10時～17時 休月曜、年末年始、施設点検日)

22

いちごの里《さと》よしみ

シーズン中は激混み覚悟！　埼玉一のイチゴ王国

埼玉県
吉見町

グルメ

鮮やかな赤い色、緑のヘタをつけて先がとがったフォルム。甘い香り、そして一口かじっただけで口の中に広がる甘酸っぱい果汁。イチゴを嫌いな人なんていないんじゃないだろうか。そのまま食べてもおいしいし、練乳や生クリームを絡めてもいい、イチゴミルクにしてもいい。子供からお年寄りまで老若男女、みんな大好きだと勝手に考えている。

もともと露地栽培されていた頃のイチゴの旬は初夏だと聞いたことがある。それがいまではクリスマスシーズンのケーキ用にとハウス栽培され、年末からだいたい5月頃までは店頭に並んでいる。ただし最近は果物の値段がおしなべて高いので、おいそれとは買えないと感じている人も多いのではないだろうか。

いちごカレーうどんは吉見産イチゴを使ったルーにピューレがかかっている。

そんな人にとって特産品のイチゴを推しまくっている「いちごの里よしみ」はテンションが上がる道の駅だ。なんと、埼玉県で道の駅として登録されたのが15番目（イチゴ）なのだとか。果たしてこれは偶然なのか、それとも狙ったのか。どちらにせよ、そんなことまで自慢している道の駅なのだから、イチゴへのこだわりはどこにも負けていない。

何から何までイチゴがモチーフだ。施設の中心にある円形広場はイチゴの花をかたどっていて、真ん中にある柱状のオブジェはイチゴのおしべをデザインしたもの。小さい子供用の遊具があるわんぱく広場にはイチゴのお城もある。

道の駅の周辺には観光農園のビニールハウスがたくさんあって、1月から5月までのシーズンには、イチゴ狩りを楽しむ観光客が数多くやってくる。道の駅の中にもイチゴのビニールハウスが。腰をかがめずに立ったままイチゴを採れる「高設栽培方式」というタイプだが、運転で疲れた体にこの配慮は嬉しい限り。

吉見町では、昭和30年代の半ばからイチゴのハウス栽培が始まったという。荒川と市野川に挟まれた肥沃な土地はイチゴの生育には最適。現在は町には88軒のイチゴ農家があり、埼玉県内の作付面積はナンバーワンを誇っている。

道の駅のJA吉見直売所では、毎年1月から5月頃に特産の「吉見いちご」を販売している。ただし、イチゴを買い求めるお客さんで開店前から列をなすという。

さまざまなイチゴ関連商品があり、手作りイチゴジャムが所狭しと並んでいた。

私が道の駅を訪れたのはシーズン真っ盛りの3月中旬だったのだが、到着が夕方だったせいでイチゴはすでに売り切れていた……。

イチゴ関連の加工品も豊富だ。イチゴジャムは、いずれも100%吉見産の「とちおとめ」、「あきひめ」、「紅ほっぺ」を使用。5月完熟期のイチゴを使った、無添加、無着色のジャムである。

いちごかりん糖は、物産館で人気のお土産で、生地にイチゴを練り込んで作っている。

町では、さらに吉見イチゴのブランド化を推進しようと、2013年に町民からの公募による吉見イチゴを使ったお土産スイーツ開発が行われた。それによって、商品のバリエーションがさらに豊富になった。

たとえば、イチゴが丸ごと入っている『いちご大福』（3個入り420円）、吉見イチゴの果汁を使い香りと色にこだわった『いちごのしずくサイダー』

人気のイチゴは夕方に到着するとすでに売り切れたあとだった。

手作りイチゴジャムと生クリーム、そしてつぶあんが詰まったいちご生どら焼き。

（250円）、吉見産地粉・さとのそらと吉見産手作りイチゴジャムがたっぷり詰まった『いちご生どら焼き』（180円）などは人気。

また、ルーに甘みと酸味のある吉見産イチゴをふんだんに使い、上にはイチゴピューレをかけ、イチゴかまぼこがのっている『いちごカレーうどん』（770円）なんて驚きのメニューもある。私としては、「いちごカレーうどん」が特に気になっているのだが、チャレンジできていない状態だ。

道の駅があるのは、関越自動車道・東松山ICから鴻巣方面へ向かい約7キロのところ。私が到着した夕方前の時間帯は、買い物に来る地元ナンバー車がひっきりなしにやってきていた。JA吉見直売所を目当てに、夕食の買い物客で混雑していたのだ。JAが一体化した道の駅は全国にいくつもあるが、どこも近隣の買い物施設として機能している。そうなると、商品の回転がよくなり、農作物の新鮮さが保証される反面、人気店となればなるほど売り物の野菜が早くなくなってしまう。やはり、売場は空の台の色が目立っていた。生鮮食品の買い物は早めにするのが鉄則だろう。

埼玉県のほぼ中央にある比企郡吉見町。都心からは50キロ圏内なので日帰り旅にちょうどいい距離だ。

近隣の名所「吉見百穴」に足を伸ばすのもいいだろう。約１４００年前、古墳時代後期の横穴墓群（国指定史跡）だ。岩山に２１９個の穴が開いている。１年を通じて観光できる場所だが、岩山を覆い尽くす桜の花が見事な春に訪れると、歴史ロマンを感じられる。

22 いちごの里よしみ

住所 埼玉県比企郡吉見町大字久保田1737
電話 0493-53-1530
駐車台数 普通車用198台
大型車用11台
障害者用２台

主な施設
- いちごの里物産館（営9時～17時）
- 楽楽庵（営11時～15時［土・日・祝は16時まで］）

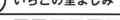

23

庄《しょう》和《わ》

切なさと懐かしさと巨大凧揚げと

埼玉県
春日部市

体験

この「庄和」は、本書で取り上げた数ある道の駅の中でも、私にとってちょっと特別な存在だ。現在は春日部市の一部だが、合併前は庄和町だったところ。実は小学生時代、私はここに住んでいたことがある。自転車で走り回っていたのはもう30年以上前のことであるが、その当時のことはよく覚えている。

都心からは1時間程度。国道4号バイパス沿いにあり、国道16号からも近い。大型車の駐車場スペースには、たくさんの大型トラックが停車し、ドライバーが休憩していた。これもまた正しい道の駅の使われ方だ。

さて、この地の名物は「日本一の大凧揚げ」だ。私も子供の頃に江戸川の河川敷へ見物に出かけたことがある。

遠くに見えるのが日本一の大きさを誇る15×11メートルの大凧だ。

縦15×横11メートルの凧の重さはなんと800キロにもなる。それはもう大変な大きさである。これを揚げるには100人以上の手が必要。一列に並んで綱を引く迫力ある姿が、今でも私の目に焼きついている。

もとは江戸時代後期に養蚕の豊作占いとして始まったが、現在では初節句を迎える子供たちの成長と幸せを願って天高く凧を揚げるという。明治に入ってだんだん巨大化し、明治中期には今と同じ大きさになったらしい。原材料は和紙と竹。大凧文化保存会の会員の手により約3カ月かけて作られた凧が、5月の3日と5日に大空を舞う。これが庄和の「大凧あげ祭り」だ。

道の駅メインの建物2階には、2基の大凧が飾ら

凧が上がれば「繭の値段が上がる」といった意味から始まった占いのような凧揚げだ。

れる。でもこれはちょっと小さい。子供が揚げる小さい凧なのだ。といっても縦6・5×横4・5メートル、重さ150キロもあるのだから十分ではある。もっと小さいミニチュア版の大凧なら購入できる。サイズは3種類あって、大きいものから順に10000円、6000円、3000円。大中サイズは4文字まで、小は3文字まで好きな文字が入れられる。完成までに10日程度、送料は別途必要だ。凧は右上角が赤、左下角が緑色に塗り分けられていて、赤は太陽、緑は大地を表現している。

かつては、町内にあった大凧会館で本物の大凧を見学できたのだが、東日本大震災で施設が損傷し閉館。その跡地を大凧公園として整備した。5月の祭りは、この公園の北側にある河川敷で行われる。

久しぶりに大凧揚げを見に行きたくなり、春日部市のホームページで調べる。見物客は約10万人。有料観覧者と大凧の引き手を募集していた。かなり気になっている。

道の駅の直売所は品揃えが良く、まるでスーパーのよう。肉、魚、野菜、果物といった生鮮品が人気だが、お酒、お米など日常必要な食料品はあらかた揃う。お酒は旧庄和地区で穫れる黒豆を使った「黒豆焼酎」が珍しい。お米は玄米で売られ、その場で精米もしてくれる。

加工食品コーナーをなにげなく見ていたら、昔よくコロッケを買った近所の肉屋の名が入ったソーセージを発見。思い出のコロッケの味とともに、幼い頃の記憶がフラッシュバックしてきた。切なさと懐かしさを噛みしめながらの肉のうま味は、また一味違う味わいだった。

23 庄和

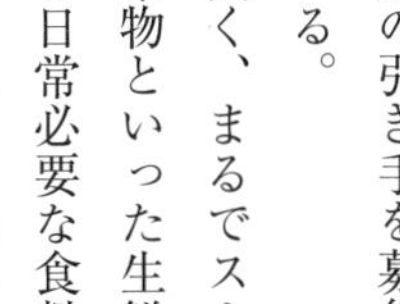

住所 埼玉県春日部市上柳995
電話 048-718-3011
駐車台数 普通車用160台
大型車用42台
障害者用２台

主な施設
- ふれあい市場（営８時～19時　休臨時休業あり）
- 食彩館（営９時～19時［LO18時45分］　休店舗により異なる）

Column

コレクター心をくすぐる「道の駅記念キップ」

電車に乗ってキップを手にする機会はほとんどなくなった。出張で新幹線に乗るときくらいだろうか。いや、新幹線だってチケットレスサービスをしていて、スマホで代用できるようになってきた。キップを目にする機会が減ってきた昨今、今の若い人に「硬券」と言っても理解してくれないだろう。私が子供の頃には硬い厚紙でできた硬券を販売している駅もまだまだたくさんあったのだ。

そんな硬券のキップをもし見たくなったら、道の駅に行くといい。道の駅では硬券の「記念キップ」を販売しているのである。

私の手元に一枚のキップがある。栃木県の道の駅「にしかた」のものだ。左右88ミリ、天地30ミリ。表面に「記念キップ180円」と印刷されている。日付が押されているが、日付印は購入する駅によって入ったり入らなかったりで、場所によっては入れるかどうか聞いてくるところもある。裏面を見るとにしかたの近隣にある関東三大堰《せき》がイラストとともに紹介されている。この裏面のデザインは道の駅によっていろいろだ。

そしてキップには連続した番号が付いている。手元のキップには「000528」とあらかじめ刻印されている番号が付いているが、これがキリ番に当たると、プレミアム感がアップ。キリ番とは、11111や123456の切りのいい番号の続きのこと。表に印刷されている道の駅のマークの部分が通常は黒色なのだが、これが青色になったり、場合によっては金色になったり。最近はシルバーも始めたようで、このキリ番を求めて大人買いする人もいるようだ。

私はコレクターではないが、それでも青くなっているものを持っている。記念キップは、すべての道の駅で販売しているわけではない。詳しい情報が知りたい場合は、製作メーカーのホームページを見てほしい。「道の駅　アプト」と検索するといいだろう。

ほかにもコレクションアイテムとしては、北海道限定になるがピンバッチ、道の駅の名前が入ったマグネットカード、ケータイストラップも存在する。無料のものだったら、買い物袋をコレクションする人も。自分ならではのコレクションを楽しんでみてはいかがだろうか。

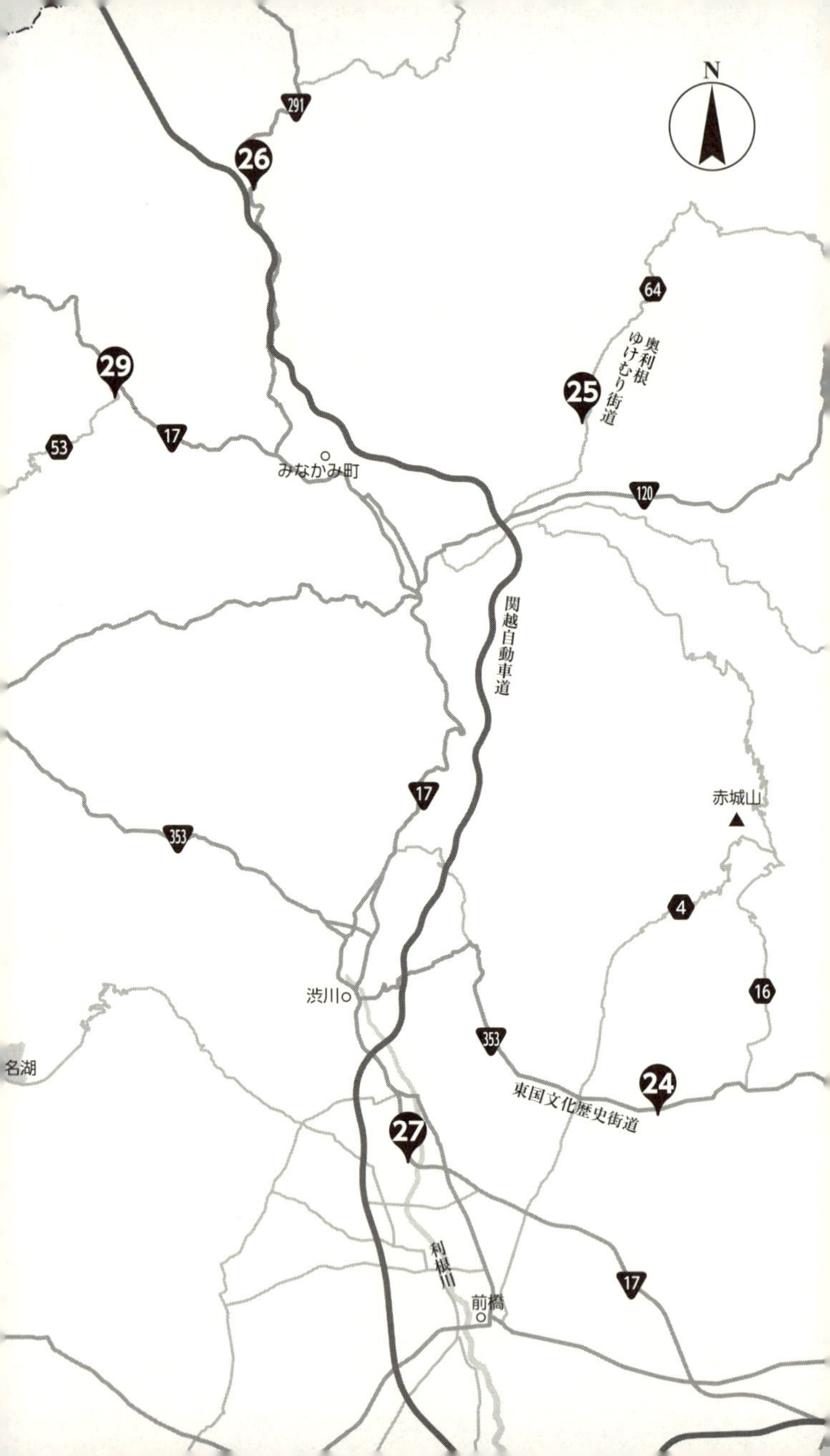
N
291
26
64
奥利根ゆけむり街道
29
25
53
17
みなかみ町
120
関越自動車道
17
赤城山
353
4
渋川
16
名湖
353
24
東国文化歴史街道
27
利根川
17
前橋

第4章

レジャー＆グルメスポットが群雄割拠

群馬エリア

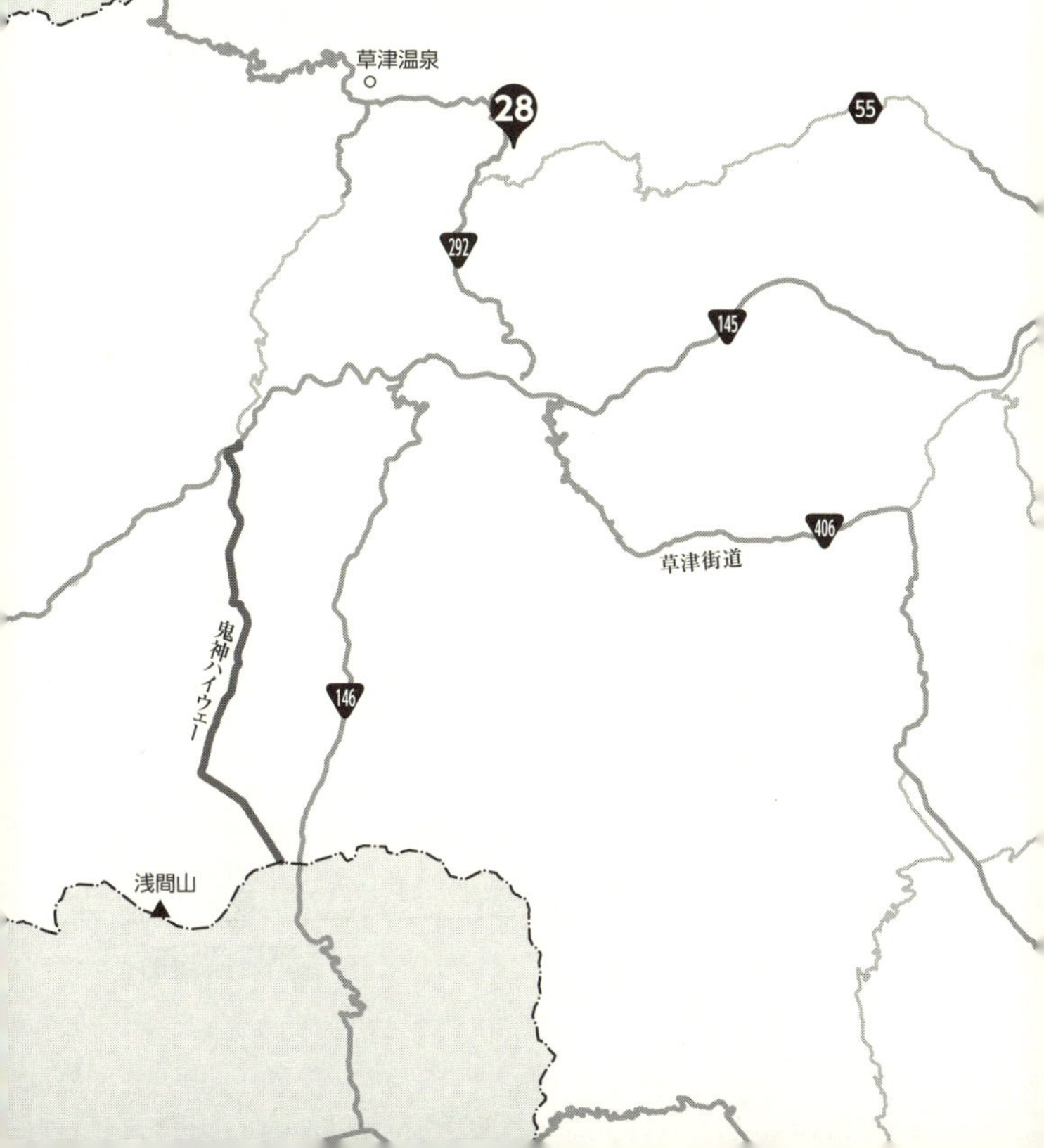

24

動物、遊具、BBQ……家族で遊べる風車の公園

ぐりーんふらわー牧場《ぼくじょう》・大胡《おおご》

群馬県
前橋市

体験

　アクセスは北関東自動車道・駒形ＩＣから約15キロ。さらに、関越自動車道・赤城ＩＣからもやはり約15キロで到達できる。北側からも南側からもアクセスしやすいのが「ぐりーんふらわー牧場・大胡」の特徴だ。私は同じ群馬県の桐生市にある道の駅「くろほね・やまびこ」からのはしごで移動してきた。県道３３３号線を通るルートだが、何ぶん道幅が狭いので十分注意してほしい。

　駐車場に車を停めると、高さ約22メートルの大きな風車がすぐに目に入る。風車は少し小高くなった場所に建てられているので、より大きさが感じられる。

　私は生まれて初めて風車というものをまじまじと見た。そしてこの形をオランダ型風車と呼ぶのを知った。

シンボルである4枚羽根の風車。外国にいるかのような一枚が撮れた。

水車と同じように小麦を粉にするのに使うのかとなんとはなしに思っていたら、もともとオランダでは水を汲みあげて干拓するための動力源として使われていたのだそうだ。オランダといえば干拓で土地を広げた国。水が溜まりやすい低地から排水するときに、この4枚羽根の風車が大活躍したのである。

我々の世代には懐かしいアニメ『フランダースの犬』にもオランダ型風車が登場したが、物語の舞台はオランダ語文化圏のベルギー北部だ。

茨城県の霞ヶ浦総合公園内には高さ25メートルの風車がある。しかも「ぐりーんふらわー牧場・大胡」と同じ4枚羽根のオランダ型だ。なぜ同じ北関東に似たような高さの風車がふたつもあるのか不思議だったので調べたところ、霞ヶ浦総合公園内のものは霞ヶ浦の水を汲みあげてろ過し、浄化した水を戻すという本来の風車らしい使い方をするものだった。

ちなみに風車の型もいろいろあって、風力発電で使われるのは3枚羽根の「プロペラ型」が一般的。ほかには三角形の羽根を使った「セイルウイング型」などもある。

ということで、「どこの国に行ってきたの」と思わせるような写真が撮れるのが「ぐりーんふらわー牧場・大胡」だ。さらに赤城山も記念写真のバックとして最高に映える。

風車の南側には展望台があって、上からは前橋市街が一望できる。近くには、シャクヤク園があって毎年5月下旬に開花。観光客に人気のスポットになっている。芝生広場も広がり、のどかな風景だ。

そんな風景を楽しみつつ、風車から園内の坂道を下りて行こう。

キャンプ場にはバンガローがあって宿泊できる。日帰り利用も可能だ。

公園内には寺沢川が流れていて、その東側では牛や羊、ポニーなどをぼんやり見ることができる。レストハウス「まきば」で買ったエサであれば、動物に与えることが可能。動物との触れ合いに癒される。子供がいたら大喜びだろう。

レストハウスでは軽食も出していて、人気のメニューはもつ煮定食。定番メニューのカレーやラーメンなども間違いない。

もうひとつ、子供が熱中するのが長さ50メートルもあるローラーすべり台だ。滑走面にはゴム製のローラーが並んでいて、よく滑りスピードも出る。さすがに大人ひとりで滑るわけにはいかなかったが、何度も何度も繰り返す子供たちを見ていると童心に戻るようだ。

さらに複合アスレチックもあるので、子供連れのファミリーならば夢中になって1日中遊べる。

バーベキュー場を利用する場合は予約が必要。
食材の持ち込みはOK。

逆に言えば、ちょっとだけ遊ぶというのが難しいかもしれない。子供が帰りたくなること間違いなしだから。

そんなとき、ぜひおすすめしたいのがバンガロー施設の活用だ。園内にはバンガローが11棟あって、午前11時から午後3時までの日帰り利用に対応している。そこで、バンガローをベースに、腰を据えてじっくり遊ぶという裏技的な使い方ができるのだ。

農産物直売所のさんぽ道では味噌詰め放題や餅つきなどイベントを開催。

もちろん宿泊もOKなので、週末の1泊旅という手もある。

そして、もうひとつおすすめの施設がバーベキューだ。レストハウスの南側にあって、利用する場合は予約が必要。展望台のすぐ隣に直売所「さんぽ道」があるので、ここで地元の新鮮野菜や肉などを仕入れよう。近くのスーパーなどで買い出ししてきて持ち込むのもOK。自由度が高いのはありがたい。

バンガロー、バーベキュー施設とともに3月から11月まで利用可能。12月から2月までの冬季は利用できないので注意していただきたい。

風車や展望塔などのエリアを取り囲むように桜が植えられていて、さらに遊具がある東側にも桜並木があるので、春には花見を楽しんでもいい。

そんな恵まれた自然環境の中、動物と触れ合うことができて、アスレチック施設もあり、バーベキューも楽しめる。道の駅というよりはキャンプ場に近い感じの遊びができる場所だ。

ファミリーで気軽に休日を過ごす公園としても申し分ない。近所に住んでいる人がうらやましくなる――そんな道の駅なのだ。

24 ぐりーんふらわー牧場・大胡

住所 群馬県前橋市滝窪町1369-1
電話 027-283-5792
駐車台数 普通車用382台
大型車用7台
障害者用2台

主な施設
- 花木農産物直売所「さんぽ道」（営9時30分～17時30分［季節により変動］）
- レストハウスまきば（営10時30分～16時30分［季節により変動］）

25

地産地消、安全安心で「おもてなしNo.1」

川《かわ》場《ば》田《でん》園《えん》プラザ

群馬県
川場村

グルメ

川場村のスキー場は首都圏から行きやすいことで有名だ。私も何度となく行ったゲレンデだが、道の駅・川場田園プラザはその道中にある。もちろんアクセスが至便。関越自動車道・沼田ＩＣから約6キロ、車で10分ほどの距離だ。道の駅から川場スキー場までは12キロほどで、スキーシーズンになると、この道の駅がスキー場との間を往復するシャトルバスの発着所になる。

とはいえ、スキーシーズンに立ち寄る「休憩所」だと思ったら大間違いだ。なんと２０１１年の日経新聞によると、東日本で一番行きたい道の駅として取り上げられた超人気スポットなのである。人気の秘密はズバリ、道の駅に立ち並ぶ店舗群にあり。場内には中央の池を取り囲むように、さまざまなお店が建ち並ぶ。それぞれが川場村の魅力を

プレイゾーンにある山の斜面を利用したちびっ子ゲレンデは子供たちに大人気。

存分に活かした個性豊かなお店。どのお店からもまっすぐな「おもてなしの心」が感じられ、道の駅全体にオシャレで高品質な空気が漂っている。そんな空気を求めてたくさんの人が訪れる。

かく言う私も、初めて訪れたときの衝撃は忘れられない。道の駅は休憩場所なんかではなく、『わざわざ行く目的地』だ——そう考えるきっかけのひとつになったのが川場田園プラザなのだ。では、幸せな気持ちになれるお店の数々を紹介していこう。

まずは鉄板の「ファーマーズマーケット」。こちらでは川場村で採れた野菜や果物を販売。道の駅の直売場はおしなべて好評だが、川場村は名産のブルーベリーが特に人気。出荷時期は7月初旬から8月初旬で、同時期には、併設するブルーベリー公園で無料摘み取り体験がある。木から直接実を摘み取り、その場で味わえるのだから、喜びもひとしお。

特産品のブルーベリーやリンゴを使った加工品や、地元のお土産を集めた「カワバプレミア」も素晴らしい。ショーケースに並ぶスイーツはどれもおいしそうで目移りする。プレミアムヨーグルト、ガトークッキー、アップルパイなどが人気商品だ。

我ら中高年に嬉しいのが「そば処虚空蔵」だろう。川場産のそば粉と清らかな名水を活かした、香り高い手打ちそばは絶品。私は1日15食限定のメニューの中から「十割そば」をチョイス。そば好きにはたまらないツルッとしたのどごしが楽しめた。

行列が絶えない「麺屋 川匠」も人気ラーメン店だ。川場産上州地鶏「雪ほたか」のガラスープがいい香り。群馬県産の上州牛と地元の野菜を使ったすき焼き重もうまい。

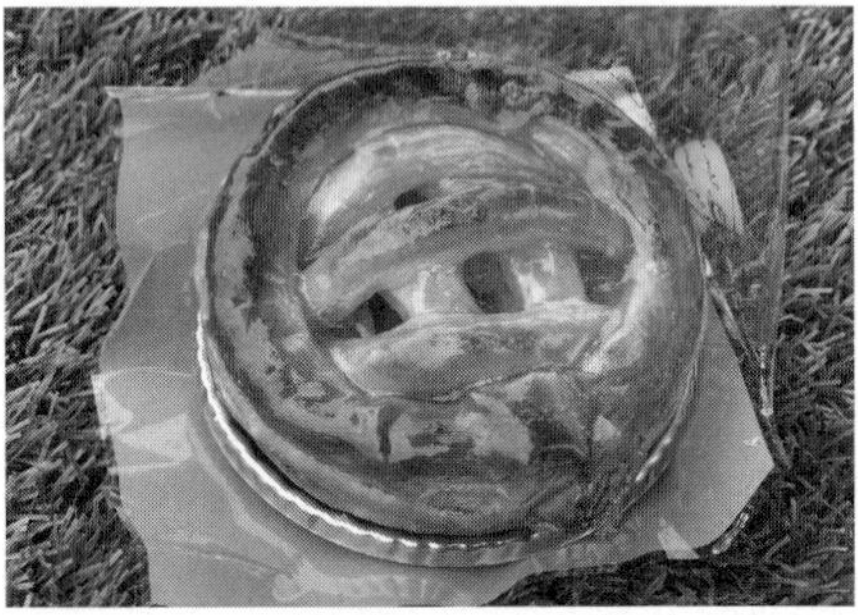

川場産のリンゴと生地に生クリームを練り込んだ贅沢なアップルパイだ。

うどん屋「あかくら」ではぜひ「カレーうどん」を存分にすすってほしい。地場の野菜をたっぷり使ってクリーミーな味わいに仕上げている。メニューにある、幅広麺を使う群馬県の郷土料理「おきりこみ」もいつかは食べてみたい。

パン工房、ビール工房、レストラン、カフェなど
半日旅では食べ尽くせない。

焼きたてのパンが楽しめる「田園プラザベーカリー」の人気もすさまじい。原材料から製法まで徹底的にこだわり、添加物一切不使用で全工程に18時間かかるというバゲットが買えたらラッキーだ。休日は行列が絶えないので注意が必要。

「カフェ・ド・カンパーニュ」は、2016年に新規オープンしたオープンテラスのあるオシャレなカフェ。柿沢安耶パティシエがプロデュースした絶品クレープが評判を呼んでいる。

「ミルク工房」は、安定剤、香料、保存料などを一切使わず、地元産生乳の栄養分そのままの「のむヨ

田園プラザベーカリーの「ふわとろ／食パン」は大和芋を練り込んだもちもち新食感。

ーグルト」が衝撃的なうまさ。

「ソフトクリームCOWBELL」では、ドライブの疲れを癒してくれる、甘酸っぱくてさっぱりしたヨーグルトソフトが最高。

半日旅では持ち帰りが必要だが、「ビール工房」では、日本百名山のひとつ武《ほ》尊《たか》山《やま》から流れる名水から作った地ビールを販売。爽やかな味わいだ。また、「地ビールレストラン武尊」では、地ビールに合う、地元の素材、和豚もちぶたやブランドニジマス「ギンヒカリ」を活かした料理が味わえる。

石窯で焼くナポリスタイルのピッツァを楽しむなら「ピザハウス」。モッチモチの生地が自慢だ。空を眺めながら頬張ると恍惚。

ドイツ・デュッセルドルフで修行した職人がハム、ソーセージを手作りする「ミート工房」では、ドイツから取り寄せたスパイスを使用。オリジナル商品を購入できる。

以上、食べ物を中心に道の駅で味わえるグルメを紹介した。正直に言えば、私も全店舗制覇したわけではない。

人気店が多く、行列で……と、言い訳はともかく、これほど多種多様なお店が揃っているすごさはわかってもらえたと思う。特筆すべきは、ただおいしいだけでなく、地元食材を安全・安心な形で届けようとこだわっていること。

せっかく川場村に来てくれたんだから、幸せな気持ちになってほしいという温かい気持ちが伝わってくるのだ。だから、何度でも来たくなる。やはりその土地に根ざした食べ物を味わうのはいいな、といつも思う。

25 川場田園プラザ

住所 群馬県利根郡川場村萩室385

電話 0278-52-3711

駐車台数 普通車用850台
大型車用５台
障害者用20台

主な施設

- ファーマーズマーケット（営9時～18時［平日は17時まで］）
- カワバプレミア・物産センター・田園プラザベーカリー・ミート工房・ミルク工房（営店舗による）

26

みなかみ水《みず》紀《き》行《こう》館《かん》

クライミングと水族館を体験。古くて新しい温泉郷

群馬県
みなかみ町

絶景

「国境の長いトンネルを抜けると雪国であつた」——川端康成の小説『雪国』の冒頭だ。このトンネルとは、上越線の上州と越後の境に当時できたばかりの清水トンネルのことで、谷川岳の中腹を貫いている。

群馬県最北端の道の駅「みなかみ水紀行館」は、そのトンネルの入口から数キロのところ、簡単に言ってしまえば、かなりの山奥にある。

この地域は、どうしてもトンネルが必要だったほど、高い山々が連なっている。その谷あいのわずかなスペースを奪い合うように、鉄道（ＪＲ上越線）、国道２９１号、関越自動車道、そして利根川が通っている。

関越自動車道・水上ＩＣで下りて国道２９１号沿いを水上温泉方面へ北上する。道の

本格的なクライミングウォールを設置。インストラクターと一緒に利用する。

駅にはICから5分ほどで到着する。

みなかみ町といえば、古くから登山道への入り口や、温泉郷として有名だった。スポーツやレジャーなどという言葉も概念もがなかった頃から、日本のアウトドアの聖地だったのだ。

近年はさらにアウトドアアクティビティに力を入れていて、水上町に9カ所あるスキー場でスキーやスノーボードが楽しめ、利根川ではラフティングやキャニオニングを体験できる。

登山のメッカらしく、日本の道の駅で唯一、クライミングウォールが設置されている。2020年の東京オリンピックで正式競技として初採用されたスポーツクライミング。テレビなどで紹介される機会も増えているあの壁のことだ。

高さ８メートルのクライミングウォールは、上部の壁が手前に向かって傾斜している本格的なもの。体験料は大人７００円、小人（身長１１０センチ以上）５００円。料金には専用シューズとハーネスなど道具の貸出料が含まれている。

ただしインストラクター不在の場合は利用ができないので注意。道の駅で本格的なクライミングができるのは全国でもここだけなので、ぜひともチャレンジしてみたい。翌日の筋肉痛は逃れられない。

本格的な登山ではなく、気軽に山を楽しみたいのであれば、道の駅からの散策がおすすめだ。

道の駅の広い駐車場からして、すでに山に囲まれていて空気がおいしい。酸素が濃いような気がするし、実際そうなのだろう。

河川敷へ下りていくと、清流公園があり、遠くには諏訪峡大橋が見える。川の流れと

利根川の淡水生物を観察できる水産学習館。トンネル水槽が見もの。

山の緑が実に目に優しい。

河原には全長約2・5キロの遊歩道が整備され、散策できるようになっている。水上ＩＣ方面へ向かって歩くと、途中に高さ20メートル、長さ32メートルのつり橋「笹笛橋」がかかっている。橋の上は、利根川と谷川岳が一望できる絶景ポイントだ。

このあたりに展開している渓谷は、利根川が山を削ることで作り出したもので、「諏訪峡」と呼ばれている。

諏訪峡ではボランティアによる無料のガイドも行っている。道の駅で集合して2時間程度のツアーに参加できる。特に川沿いの木々が芽吹く早春や紅葉の時期などは、ガイドさんに水上の自然について解説してもらえば楽しい。

ガイド日程や予約については水上観光ガイド協会

利根川には型式の違う５つのダムがあり、軽食コーナーではダムカレーが食べられる。

道の駅の敷地内に利根川を眺めながら
浸かれる足湯がある。冬期は閉鎖する。

（０２７８・６２・１１５５）まで問い合わせのこと。

さて、渓谷といえば、おいしい淡水魚も楽しみのひとつ。この道の駅には淡水魚の水族館「水産学習館」があり、利根川に生息する魚を観察できる。

一番の見どころはトンネル水槽。頭上を泳ぐ魚を見上げながら歩けるのが楽しい。

入場料は大人３００円、高校生２００円、小中学生１００円。また夏休み期間中に行われる「ますのつかみ取り体験」が子供たちに大人気だ。

２０１８年の場合は参加料３５０円でつかみ取り体験ができた。獲った魚はすべて回収されるが、参加賞として焼き魚1匹がもらえる。童心に帰る思いである

そして、今も昔も変わらないみなかみ最大の魅力、それはなんといっても温泉だ。

清水トンネルが開通する前、交通が不便だった頃から、すでに温泉宿が立ち並んでい

たほど、人気の温泉郷。泉質は鎮静効果が高い「カルシウム硫酸塩泉」で、多くの明治の文豪から愛されたのだそうだ。

近隣には日帰り入浴できる温泉が9カ所もある。最寄りの温泉は「ふれあい交流館」で、道の駅からは700メートル。館内に観光インフォメーションセンターがある。お風呂は小さな内湯と足湯で、源泉100%のお湯だ。

駐車場から河原へ行く途中には足湯があった。私が訪れた3月中旬は残念ながら営業していなかった。4月〜11月であれば、利根川を眺めながら、足湯でリフレッシュできる。

26 みなかみ水紀行館

住所 群馬県利根郡みなかみ町湯原1681-1
電話 0278-72-1425
駐車台数 普通車用140台
大型車用8台
障害者用2台

主な施設

■淡水魚の水産学習館
（営9時〜17時　休第2・4火曜［7〜10月は第4火曜］　料大人300円）
■室内フリークライミングホール（休無休　料700円）

27

よしおか温泉《おんせん》

利根川を見下ろす広々施設でスポーツ&温泉三昧

群馬県
吉岡町

温泉

ここは温泉施設「リバートピア吉岡」、物産館「かざぐるま」、吉岡町緑地運動公園の3つからなる複合施設である。つまり、スポーツでたっぷり汗をかいて日頃から知らず知らずにたまっているストレスを発散し、心地よい疲労を温泉に入ってゆっくりと癒して、そしておいしいごはんを食べる。そんな週末のアクティブなリフレッシュにうってつけの道の駅なのである。

何度か車中泊でも利用していて気づいたことがある。夕方の入浴の時間になると地元の車が増えてきて、駐車場がごった返すのだ。これは結構重要なポイントだが、地元の人たちに人気がある道の駅というのは、信頼できるのだ。もちろん、観光客を集めるのも大事。でも、生活に密着していて、ひとつのコミュニティーとして定着している道の

開放感たっぷりの広い露天風呂。ガラス戸の外側には小さめの露天風呂も。

駅には独特の安心感がある。たとえば、地元の人で混雑する直売所は、まず間違いなく商品の品質がいい。そういうことだ。

道の駅の名前に「温泉」と付いているくらいなので、やはり人気を集める一番の要素は温泉だ。私も温泉に入りたくなるとやってくる。お風呂がいいのだ。大きな窓の明るいエントランスから、温泉の建物に入っていく。利根川河畔の地下1300メートルから湧き出る源泉を利用していて、手足を伸ばして「あぁ〜」と一息。やはり大きな露天風呂は気持ちいい。

全体的にゆったりとした設計で、ベンチが置かれたテラスには利根川に向かって明るく開けた窓があり、壁には風力発電の発電量が表示されている。あまり時間を気にせず、ちょっと非日常的な空間で、自然豊かな眺望を楽しめば、気分も晴れるというものだ。入浴のあとは畳敷きの大広間でくつろぐことができる。マッサージルームがあったり、併設レストランのメニューが充実していたり、とにかく私的にこの温泉は評価が高い。

お父さん世代の楽しみといえば、ここはケイマンゴルフ、パークゴルフ、グラウンドゴルフという3種類のゴルフが楽しめる珍しい道の駅だ。

ケイマンゴルフは普通のゴルフボールにくらべると重さと飛距離が約半分のボールを使う。飛距離が伸びない分、狭い敷地でプレーでき、老若男女や体格による差が出づらいため、みなで楽しめる。このボールは水に浮くという利点もある。

ちなみにケイマン島発祥なのでこの名が付いたのだそうだ。ここでは96ヤードから2

河川敷のゴルフコースは9ホールあって、ケイマンゴルフがプレーできる。

５７ヤードまで個性豊かな９ホールが楽しめる。18ホールのプレー料金は平日１１００円、土曜、日曜日は１６００円。ケイマンボール１個が２７０円だ。

パークゴルフは北海道で生まれたゴルフ。クラブは１本、ボールとボールを置くティーがあればできるという手軽さが魅力で、パークゴルフ場がある道の駅は意外と多い。

以前、北海道を周遊した際には無料でプレーできるところも見つけたことがあるが、大自然の中ボールを打つ感覚は楽しい。クラブに角度が付いていないので打球は高く上がらない。27ホールのプレー料金は大人６００円、子供３００円。気軽にプレーできるのが魅力だ。

グラウンドゴルフもパークゴルフと似ていて、専用のスティックで直径6センチのボールを転がし、ホールポストへ入れるまでの打数を競う。プレー料金

上州豚の生姜焼き定食。ブランド豚の生姜焼きはどこで食べてもハズレがない。

温泉入浴のあとは畳敷きの大広間で休憩。食事もできる。

は３時間までで大人１００円、子供50円と、子供連れには嬉しい。

フロントは道の駅の施設内にあり、３つのゴルフとも温泉、食事がセットになったお得なパックもある。テニスコートの予約もこちらでできる。

もうひとつおすすめしたいアクティビティがサイクリングだ。目の前には、群馬県渋川市から埼玉県久喜市までの約90キロの「利根川自転車道」が通っている。週末にはたくさんのサイクリストがやってきて、利根川を見下ろす無料の足湯で足の疲れを癒やしている。

自転車コース脇にはしだれ桜が約１３０本植えられているので、４月上旬から中旬にかけてはお花見サイクリングも楽しめるのだ。

レストラン和《なごみ》は定食メニューが充実しているので、スポーツで空いたお腹を満たしてくれる。特に地元産の上州豚を使ったメニューの生姜焼き定食がおすすめ。

物産館では地元の農家１８０人が作った野菜を購入できる。また吉岡町と姉妹都市である北海道大樹町の海産物も取り扱っている。店舗の外階段を上がると展望台になっていて、利根川を見下ろす風景は絶景だ。

関越自動車道・渋川伊香保ＩＣから国道17号を南に向かって約５キロ。駒寄ＰＡにはスマートＩＣがあるので、そこからだと北東方向へ２・５キロとよりアクセスがいい。上州名物からっ風とは、群馬県の冬に吹く北西の風だが、その風を利用している風力発電の風車が道の駅のランドマークになっている。

27 よしおか温泉

住所 群馬県北群馬郡吉岡町大字漆原2004

電話 0279-54-1221

駐車台数 普通車用250台
大型車用８台
障害者用６台

主な施設

- 物産館かざぐるま（営9時～19時　休無休）
- リバートピア吉岡
（営10時～21時　休毎月15日　料４時間400円、１日500円）

28

欧州基準の美しさを誇るパラダイス

六合《くに》

群馬県
中之条町

温泉

キーワードは「美」。道の駅「六合」は、国道292号・別名「日本ロマンチック街道」沿いにある。これは、日本国内で最もドイツ的な景観を持つ街道として、長野県上田市から群馬県草津町、そして沼田市を通り、栃木県日光市までを結ぶ全長約320キロが選ばれたもの。ちなみに本家「ロマンチック街道」は、中世都市や古城など観光ポイントが点在するドイツ南部約400キロの街道をいう。

私は、道の駅草津運動茶屋公園から同街道を通ってきた。道の駅は山に囲まれた美しい自然の中にあり、のどかという言葉がよく似合う。

街道に面した道の駅の駐車場に車を停めると、目の前に「日本で最も美しい村」連合という看板を発見。これは、NPO法人「日本で最も美しい村」連合が取り組む運動で、

温泉の受付を兼ねている宿泊施設のフロント。梁の太い昔ながらの造りだ。

2005年に7つの町村からスタートしたという。本家は「フランスの最も美しい村」運動で、フランスの素朴な美しさのある村を厳選して紹介している。つまり、道の駅六合はドイツ的な美しさと、フランス的な美しさを兼ね備えた、欧州基準を満たすほど美しいスポットなのである。

六合は「くに」と読む。明治の大合併の際に、6つの村が合併し、ひとつの村になったことからこの名が付いた。「くに」という読み方は『古事記』や『日本書紀』に由来するという。

平成の大合併で中条町の一部となった六合地区は面積の90%以上を山林と原野が占める。

上信越高原国立公園内にある野反湖は、周囲を2000メートル級の山々に囲まれたダム湖。初夏から初秋にかけての湖岸の風景が素晴らしい。シラネアオイ、ノゾリキスゲ、レンゲツツジなど300種類以上の高山植物が見事に咲き誇る。澄んだ空気も新鮮で、深呼吸が楽しい。

道の駅には地域の観光を紹介する「くにっこハウス」がある。その隣に観光物産センター。さらにレストラン「六合の郷しらすな」がある。

観光物産センターとレストランの間の細い階段を下りると、応徳温泉「お宿　花まめ」がある。これは、道の駅に併設する宿泊施設だ。さらに先に進むと、日帰り入浴ができる「くつろぎの湯」があるではないか。

応徳温泉について紹介されている看板を見つけた。それによると応徳年間に発見された温泉ということから名前が付いている。応徳年間とは西暦1084~1086年で、今

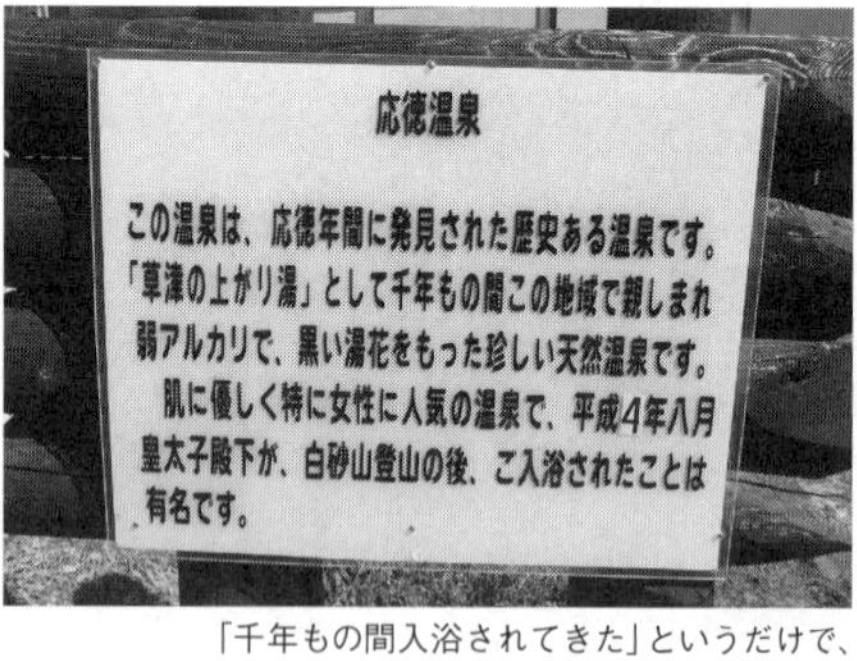

「千年もの間入浴されてきた」というだけで、効果のありそうな温泉である。

から900年以上も前の話だ。

「草津の上がり湯」として親しまれている温泉ということで、酸性の強い草津の湯に入浴した後に、弱アルカリの応徳温泉で肌を鎮めるというように利用されてきた。

宿泊施設「花まめ」は、養蚕農家の2階建て棟を利用した建物が魅力。

そしてこの温泉の湯の花が実に珍しい。湯の花とは温泉の成分の一部が沈殿した塊のこと。硫黄などの沈殿物で黄白色のものが一般的だが、応徳温泉の湯の花は黒いのだ。一瞬ギョッとしたが、やや白濁したお湯は肌にやさしく、100%源泉かけ流しの温泉を満喫できる。ちょっと鄙びた感じもいい。

宿泊施設の「花まめ」は、和風のたたずまいで、太い柱や梁が目を引く。日帰り温泉入浴もいいが、次は宿に泊まりたいと強く思った。

車好き、ドライブ好きにはこの道の駅のもうひとつの特徴・RVパークをお教えしたい。RVパーク

自然に囲まれた中に、源泉かけ流しの温泉と宿泊施設。さらにRVパークを備える。

とは日本RV協会が推進している車中泊専用の駐車場である。キャンピングカーやミニバンなどで車中泊する人のための施設で、2019年3月現在、全国に121カ所のRVパークがある。

RVパークとして認められるには、さまざまな条件をクリアする必要がある。1週間程度の滞在ができ、AC100V電源が使用可能、ゴミ処理が可能、近隣に入浴施設があるなどだ。1泊の料金は2000円前後。一般の駐車場ではテーブルやイスを出すことはできないが、RVパークならば車中泊スペース内であれば、テーブルやイスを出してくつろぐこともできる。

道の駅六合の中にあるのは「RVパーク応徳温泉 六合」。1泊1台2500円。利用可能な駐車スペースは3台分だ。スロープ下の駐車場に専用スペースが用意されている。

ゴミ処理費用は200円で、ゴミ袋を購入することで支払う。

私のように道の駅で車中泊しながら旅をすると、車のサブバッテリーへの充電と、車内に溜まったゴミの処理が定期的に必要になる。道の駅にあるRVパークはそんなとき本当に便利な場所である。

ちなみに道の駅六合のRVパークの場合、入浴料金がRVパーク利用料金に含まれているのが嬉しい。

そして、山に囲まれて静かなのもいい。キャンプ場とは違うので、焚き火や外での調理はできないが、キャンプ気分にひたることができる自然豊かなロケーションである。

28 六合

住所 群馬県吾妻郡中之条町大字小雨22
電話 0279-95-3342
駐車台数 普通車用51台
大型車用1台
障害者用1台

主な施設

- 六合観光物産センター（営9時～18時　休年始、1～3月の木曜）
- 応徳温泉くつろぎの湯
（営10時～20時[最終受付19時30分]　休無休　料大人400円）

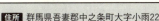

29

20軒以上と、てんこ盛りの体験工房に目移り

たくみの里《さと》

群馬県
みなかみ町

体験

道の駅へ行くと「そば打ち体験できます」の看板を目にすることが多い。以前体験したときは、新そばの季節だったこともあるのだろうが、自分で打ったそばはこんなにおいしいのかと驚いた。体験することでその土地の人と触れ合い、そのエリアの話が聞けるので思いがけない発見もある。形として残せるものもある。ちょっと変わったところでは、砂金採り体験、乗馬体験などもあった。そして道の駅の「体験」もののチャンピオンは、「たくみの里」が質、量ともに抜きん出ている。

ここでは「カタチに残る想い出作り」ということで、ポピュラーなそば打ち体験をはじめ、東京ドーム70個分という広大な集落内に24もの体験工房が点在している。

あまりにも広くて想像しづらいが、須川、笠原、谷地、東峰の4つの集落からなる須

たくみの里の「豊楽館」を中心にして、たくさんの体験工房がそろう。

川平というエリアに道の駅がある。総合案内所「豊楽館」で、たくみの里のガイドマップが手に入る。工房ごとに体験コースが違う。道の駅が受付で、そこからそれぞれの工房へ出かけていくスタイルだ。ここで代表的な体験メニューを紹介しよう。

須川平はもともと養蚕が盛んな農村だ。水田が多く残る、日本の農村風景が今も広がる。1975年頃までは養蚕をしていた地域らしく「蚕・繭・絹の家工房」では、蚕の飼育から繭の加工まで行っている。蚕が桑を食べて大きくなり、繭を作るまでの過程を見ることができるのだ。また煮出した繭から糸を取りだし巻いた糸車に飾り付けや絵付けをする座繰り体験もできる。

竹細工作りを体験できるのが「竹細工の家」だ。こ

福寿茶屋では手作り豆腐や生揚げなど地元産大豆を使った製品を販売している。

こでは竹とんぼ、一輪挿しなど簡単なものから竹カゴやざるなどの実用品まで、いろいろ用意されている。ナイフの使い方や編み方も、順を追って説明してくれているので、初心者にもわかりやすい。

やっているとなぜか無口になってしまうのが陶芸だ。土をいじって形を作るという行為には、人を夢中にさせる何かがある。湯飲みなどの小さなものだが、1キロの土を使って自分だけの器を、手びねりで作陶できる「陶芸の家」は文句なしに楽しい。

地元の豊楽まつりは秋に行われる収穫祭だが、そこで使われる御神輿には烏天狗の巨大なお面が使われる。魔除けや神楽の道具として珍重されてきた大切なものである。「お面の家」では、おかめ、ひょっとこ、天狗、キツネなどのお面に自由に色や模様を付けて自分だけのお面作りができる。

みなかみ町はカスタネットの生産量が日本一だったことがあって「森の恵みと学びの家」ではみなかみの木を使ったオリジナルカスタネット作りを体験できる。木の種類によって音色が違い、絵付けをすることで自分だけのオリジナルカスタネットが作れる。マイカスタネット……なんとも贅沢な大人の遊びだ。

このほかキャンドル作り、ブレスレット作りなどいろいろ。手びねり作陶は3600円（＋郵送料が必要）だが、料金はだいたい1000円前後のお手軽なものである。空きがあれば当日でも可能だが予約が優先なので、どうしても体験したいものがあれば事前予約して出かけるといいだろう。

29 たくみの里

住所 群馬県利根郡みなかみ町須川847
電話 0278-64-2210
駐車台数 普通車用164台
大型車用14台
障害者用3台

主な施設
■農産物直売所（営9時〜17時[11〜3月は16時まで]）
■福寿茶屋（営9時〜17時[11〜3月は16時まで]）

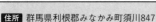

Column

車中泊の心得。平らなベッドとカーテンの重要性

車中泊が流行っている。これまで全国を旅するなかで、道の駅で車中泊している人をたくさん見てきた。運転席に座ってシートをリクライニングさせているだけのつわものもいるが、それでは快適とはいえないだろう。そこで車中泊をするなら、これだけは守ったほうがいい、というポイントを2点、ご紹介する。

ひとつ目は当たり前ではあるが、できるだけフラットな状態で寝るということだ。ミニバンなどでセカンドシート、サードシートをリクライニングさせたフルフラットシートをうたう車がある。しかし、実際に寝てみるとよくわかるが、やはりデコボコ感は否めない。快適な座り心地に主眼が置かれたシートなので、座面が歪曲していたり、背もたれ部分が体を包み込むような形状なので、倒したところで完全なフラットではない。

そこでおすすめするのはシートを跳ね上げて、まずは荷室にしてしまうことだ。車にもよるが、たとえばセカンドシートをできるだけ前方にスライドさせて、サードシート

を跳ね上げると、驚くほど広い荷室空間が出現する。

もちろん寝ることは想定していないので、フロアは固い。そこでキャンプで使うアウトドア用のマットを敷くといい。最近は車中泊専用をうたうエアー式のマットもあるので、試しに使ってみるのもいいだろう。そして寝袋などを布団代わりに使えば、シートを倒して寝るよりも数段快適なフラットシートができあがる。

そしてふたつ目が、車外からの視線を遮るためのカーテンである。カー量販店には汎用品のカーテンがあるので、まずはそれから始めるのがいいだろう。視線を遮ることができると、とたんに「自分の城」感が出てくるので、それを味わってもらいたい。

これはキャンピングカーにも言えることで、カーテンやシェードをかけることで、個室感が断然アップ。安心感もぜんぜん違う。

ときどきバスタオルをウインドウにはさんで仮眠している人を見かけるが、自分の視線は遮れても、外からは丸見えである。「荷室を使ったフラットシート」と「視線」を遮ること。まずはこのふたつが快適な車中泊の第一歩といえるだろう。

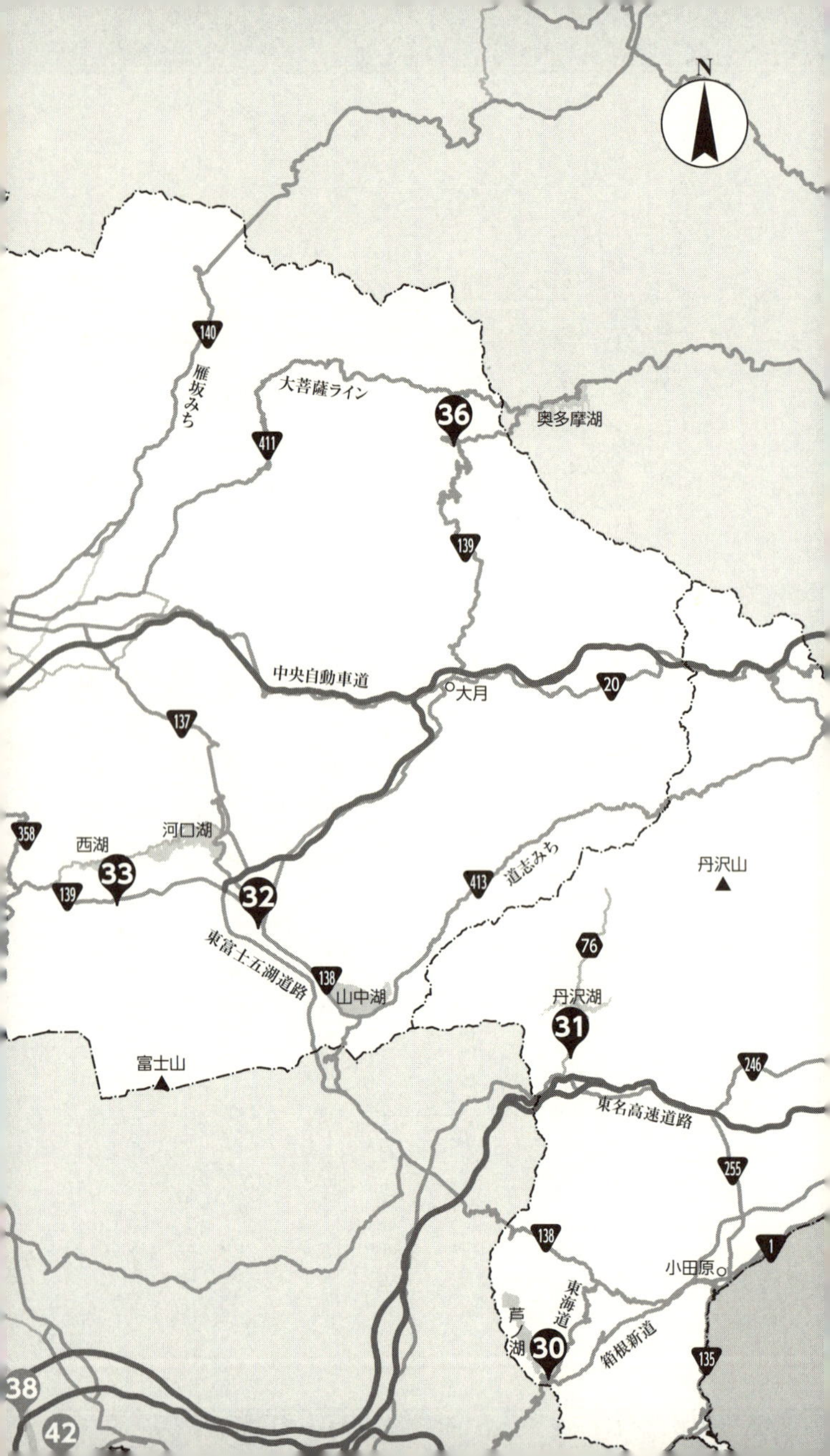
N
140
雁坂みち
大菩薩ライン
411
36
奥多摩湖
139
中央自動車道
大月
20
137
358
西湖
河口湖
33
139
32
道志みち
413
丹沢山
東富士五湖道路
138
山中湖
76
丹沢湖
31
富士山
246
東名高速道路
255
138
1
小田原
東海道
芦ノ湖
30
箱根新道
135
38
42

第5章

道の駅のはしごも楽しい

神奈川・山梨エリア

30

箱《はこ》根《ね》峠《とうげ》

芦ノ湖と富士山を望む絶景スポット

神奈川県
箱根町

絶景

私は埼玉県の小学校に通っていたが、林間学校で箱根に行った。もう30年以上昔の話だが、箱根の関所へ行き、杉並木を歩き、芦ノ湖で海賊船に乗った記憶が残っている。

箱根は観光の名所。箱根山や芦ノ湖の周辺に1度では見きれないほどのたくさんの観光スポットが点在している。美術館ひとつとっても、箱根美術館、彫刻の森美術館、箱根ガラスの森美術館、ポーラ美術館、星の王子さまミュージアム、岡田美術館……。温泉地なら、湯本、塔ノ沢、小涌谷、大涌谷、強羅……と、有名な源泉が目白押しで、大小合わせて17もの温泉がある。

江戸時代に東海道の本道になり、箱根宿、関所も設けられたところから、その歴史的な史跡なども残されている。樹齢３００年、４００本の杉並木の散策もできる。伝統工

芦ノ湖越しの駒ヶ岳。天気が良ければ富士山を望むことができる。

芸の箱根寄木細工の専門店も点在する。とにかく見どころ盛りだくさんの観光地だ。

東名自動車道・御殿場ICから南下すれば芦ノ湖の北側へ到着。西湘バイパスで太平洋側へ回り込んで、箱根ターンパイクなどを通る道もある。首都圏から近い、半日旅に適した観光地である。

道の駅「箱根峠」は、太平洋側から国道1号で箱根を目指す途中にある。東京方面からだと、東名高速道路・厚木ICから小田原厚木道路・小田原西ICを経由して、西湘バイパス、有料道路箱根口ICで下りて、国道1号を通るルートだ。

私はトラックをベースにしたキャンピングカーで行ったので、普通の乗用車のようには軽快に走れなかったが、それでもドライブを楽しめる道である。

山間部の道の駅お約束の山菜そば。しゃきしゃきした山菜と温かいそばの味わいが滋味豊か。

道の駅名に「峠」と付くくらいだから駐車場も斜めになっていた。細長い建物の両脇に駐車スペースがある。朝早く着いたので、車の通行はほとんどなく、道の駅もまだ営業前。それは残念だったのだが、建物の裏手に回ると、そこから芦ノ湖の風景が広がっていた。ちょうど芦ノ湖の南側を高い位置から見下ろす位置にある。遠くには富士山もくっきり見えた。

この美しい富士山が見られただけで、幸福感に満たされた。これはきっと共感してもらえるだろう。

道の駅ではなく、道としての箱根峠はそこからほぼ1キロの距離にあり、湖の西側を通る10・7キロの観光有料道路「芦ノ湖スカイライン」の入口がある。周辺はほかにも国道1号、箱根新道、県道20号線があって、昔から交通の要となる場所だったことを実感した。

道の駅もかなり高いところにあるが、そのおかげで芦ノ湖がよく見える。そこでおすすめしたいのが、芦ノ湖の遊覧船を活用した効率よい箱根観光だ。

遊覧船は、湖尻港、箱根園港、元箱根港、箱根関所跡港の4カ所から出港する。道の駅から最も近いのは箱根関所跡港で約2キロ。1日フリー乗船券を購入し、ここを起点として、箱根ロープウェーに近い湖尻港、箱根駒ヶ岳ロープウェーの乗り場のある箱根園港などへと向かうのだ。おすすめは、箱根ロープウェーで大涌谷へ行き、温泉黒たまごを食べるコース。もちろん車でも出かけられるが、湖上からの風景を楽しめば、いつもと違った半日旅になる。

30 箱根峠

住所 神奈川県足柄下郡箱根町箱根381-22
電話 0460-83-7310
駐車台数 普通車用23台
大型車用８台
障害者用１台

主な施設
- 売店（営9時〜17時）
- 軽食コーナー（営9時〜16時［変動あり］）

31

山《やま》北《きた》

目の前のキャンプ場で日帰りバーベキュー

神奈川県
山北町

グルメ

道の駅「山北」は、「神奈川県の水がめ」を持つ丹沢湖まで、車で約5分のところにある。丹沢は、アウトドアアクティビティのメッカだ。周辺にはキャンプ場が多く、丹沢湖には貸しボートがあるほか、持ち込みでカヌーもできる。

神奈川県西部にある山北へのアクセスは、東名高速を大井松田ＩＣで下りて、国道246号、県道76号線を曲がってすぐ。

ＩＣからは、14キロ、約20分で到着する。大井松田ＩＣと御殿場ＩＣの中間位置なので、御殿場からも行きやすい。

建物の裏側には山が迫っているので、道の駅のスペースは限られている。駐車場は普通車27台分、建物もコンパクト。かなりこぢんまりした道の駅だ。

道の駅のすぐ向かい流れる河内川。オートキャンプ場は家族連れに人気。

建物の中にある小さな食堂のおすすめは、名物メニューの「不老そば」で決まり。川魚をまるごと一匹使った天ぷらが豪快に乗ったそばである。ヤマメかイワナの天ぷらだったように記憶している。もちろん、臭みはまったくなくて、おいしかった。

さて、私がおすすめする半日旅は、道の駅山北に立ち寄ったあと、すぐ近くにあるキャンプ場でデイキャンプを楽しむプランだ。

道の駅のすぐ目の前には河内川が流れていて、その向こう岸にロッジが見える。これがその川沿いにあるオートキャンプ場、「山北町河内川ふれあいビレッジ」の建物だ。

ここには、芝生のサイトと砂利のサイトのほかに、

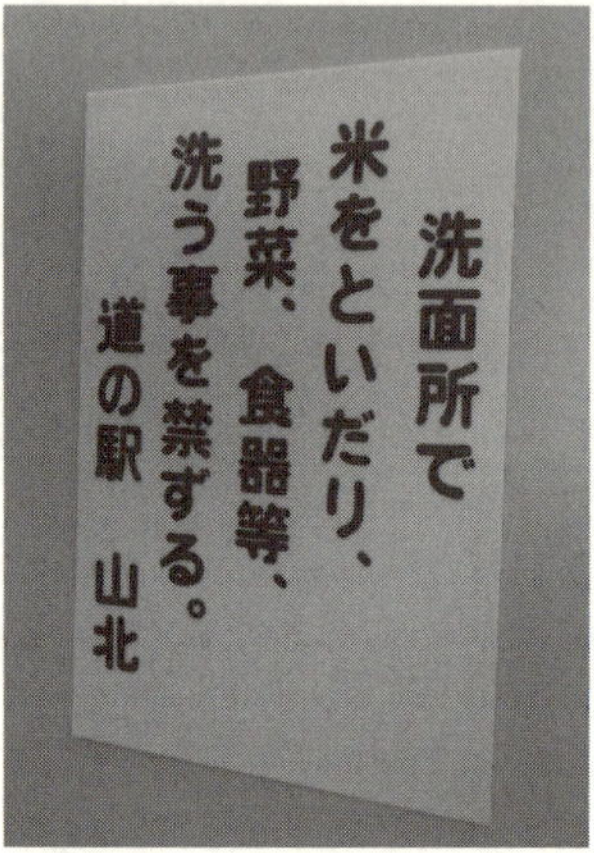
洗面所で
米をといだり、
野菜、食器等、
洗う事を禁ずる。
道の駅　山北
キャンプ場の水場が混雑した場合、遠征してくる不届き者がいるのかもしれない。

デイキャンプエリアがある。

バーベキュー道具はレンタルがあり、薪や炭、着火剤などは販売されている。

あとは食材だけ用意すればOK。道の駅でも地元産の野菜を売っているが、売店の規模は決して大きくないので、なんでも揃うとは言い難い。基本的に食材はあらかじめ用意しておいて、道の駅で何かめぼしいものが見つかれば、お楽しみでプラスするくらいのつもりがいいだろう。

デイキャンプエリアには、ピザ窯もある。事前の申し込みが必要だが、材料を持参すればピザが食べられて楽しい。チーズがとろける焼きたてアツアツのピザのおいしさは格別だから、ぜひ一度は食べてみてほしい。

デイキャンプは9時から16時まで利用できて、駐車スペース1台分が1000円。それに大人５００円、子供２５０円が人数分加算される仕組みだ。川遊びもできるし、施設に温水シャワーもあるから汗で濡れた体をさっぱりさせてから帰宅できる。

東京都に続いて道の駅が少ない神奈川県。清川、箱根峠、山北の３カ所しかないのだが、すべて湖の近くという共通点がある。

それもまったく異なるエリアの湖というのが面白い。どの湖も、周辺ではさまざまなアクティビティが楽しめるので、いずれの道の駅も半日旅に適していると言える。

神奈川県の観光地というと横浜や鎌倉を思い浮かべる人が多いと思うが、道の駅に限って言うと湖に注目なのだ。

31 山北

住所 神奈川県足柄上郡山北町湯触317
電話 0465-77-2882
駐車台数 普通車用27台
大型車用１台
障害者用３台

主な施設
- 売店（営9時～17時　休月曜、12月28日～1月3日）
- 軽食コーナー（営9時30分～16時30分　休月曜）

32

富《ふ》士《じ》吉《よし》田《だ》

富士山に一番近い道の駅で食らう吉田うどん

山梨県
富士吉田市

グルメ

富士吉田市といえば「吉田のうどん」が有名だ。私はうどんが大好物で、そのためにキャンピングカーで四国を回る旅をしたことがあるくらいだ。しかも、コシのあるうどんが特にたまらない。だから、吉田のうどんは好みのうどんといえる。

富士吉田は、昭和初期に繊維業で栄えていた。機織りの機械を動かす女性の手が昼食の準備で止まらないようにと、男性が打ったのが「吉田のうどん」の始まりと言われている。男が力まかせに練ったから、コシのあるうどんになったのだとか。

富士山噴火による火山灰などのために土地がやせていたこともあり、稲作よりも大麦、小麦、雑穀類の栽培が中心だったというのも、粉食文化が根付いていく理由のひとつだったようだ。

かつて気象観測で大活躍した富士山レーダーが移設されたドーム館。

もちろん道の駅でも吉田のうどんが食べられる。軽食コーナーでのおすすめは肉うどんだ。キャベツとネギがのっていて、肉は馬肉を使っている自家製麺。コシがあるかたい麺、具材にキャベツと馬肉。これが吉田のうどんの特徴だ。豪快にズルルとすると、うん、うまい。

富士吉田市には50軒を超えるうどん店があり、いつか全店制覇をしてみたいと思う。とりあえずは道の駅で1杯目。週末のたびにうどんを食べにきたら、約1年かかる計算だが、それも面白いと思ってしまう私はちょっと変わっているかもしれない。

道の駅の定番「物産館」は、周辺地域の名産・特産、お土産、そして地場で獲れた野菜など品揃え豊富。富士湧水レタスを購入して、レジ袋に入れてもらった。レジ袋にオリジナルのイラストをプリントしている道の駅はたくさんあって、このレジ袋を集めているマニアがいると聞いたことがある。道の駅富士吉田のレジ袋には「富士山に一番近い道の駅」と書いてあり、富士山と丸いドームが描いてある。

このイラストの建造物は、富士山レーダードームだ。もともと１９６４年に富士山頂に設置され台風観測をしていた。35年の役目を終え、今は道の駅のすぐ横にある「富士山レーダードーム館」の建物の上に鎮座している。富士山頂にあったものをそのまま移設したのだ。

道の駅に割引券があったので、それを持って富士山レーダードーム館へ行ってみた。『プロジェクトX』というＮＨＫの番組があったが、その第1回目の放送が富士山レーダーの建設を取り上げたものだった。そこで紹介しきれなかった映像も含んだドキュメン

富士山頂の過酷な環境を疑似体験。風速10メートル以上の風が年間300日以上吹くのだとか。

タリー『世界最大のレーダー建設～富士山頂9000人のドラマ～』を上映していて、これが面白い。約50分間の映像だが、時間を忘れて見入ってしまった。

富士山レーダードームは、屋根にのっているものを見ているだけでは小さなものかと思っていた。ところが、ドーム内に入って見上げると、思っていたのとはぜんぜん違っていて、あまりの大きさにびっくりした。

無料で持ち帰れる「富士山天然水水汲み場」は大にぎわい。冷たさの中にほのかな甘味も。

さらに子供たちが喜びそうなのが、体験コーナーだ。気温マイナス8度、風速13メートルという富士山頂の過酷な環境を疑似体験できるスペースで、部屋に入ると壁に埋め込まれたファンが一斉に回りだし、風を送ってくる。富士山山頂の5月頃の気候を再現しているのだが、風速10メートル以上の風が年間300日以上吹いているというのには驚いた。

富士山レーダードーム館の隣にはドッグランもあ

大好物の「吉田のうどん」。たしかなコシと安定感のあるダシがベストマッチ。

るので、ペット連れでも楽しめる。富士山をバックに愛犬と一緒に遊べるのは嬉しい。

屋内スポーツ・レクリエーション施設である「富士山アリーナ」には、子供が遊べる室内遊園地のKid's US.LANDがテナントで入っている。天候に左右されずに思いっきり遊ばせられる。

地ビール＆レストラン「ハーベステラス（ふじやまビール）」では、富士山の伏流水を使ったビールがキリっとしてうまい。ここには売店もあってソーセージも購入した。このレストランには、アウトドアショップのモンベルの富士吉田店が併設されているのだが、なんとレストランもモンベルがプロデュースしているのだそうだ。食事をして、さらに富士登山やキャンプの前に必要なアウトドアグッズの購入ができるから便利だ。

ペットボトルをたくさん持った人が列を作っていたので、先頭を見てみると水汲み場だった。私も一緒に並んで水を汲んだ。富士山の伏流水には、バナジウムが豊富に含まれているのが嬉しい。

そして今さらだが、富士山が近い。そびえる富士山を下から仰ぎ見られるのだから幸せだ。道の駅は中央自動車道・河口湖ＩＣから約10分。富士五湖の山中湖、河口湖や西湖に近く富士山周辺の観光の起点としても最適だ。

子供連れ、ペット連れに楽しく、体験学習からグルメ、買い物と超多機能。でも、今の私にとっては、「吉田のうどん攻略基地」となる可能性を最も感じてしまう道の駅なのだ。

32 富士吉田

住所 山梨県富士吉田市新屋1936-6

電話 0555-21-1225

駐車台数 普通車用115台
大型車用７台
障害者用２台

主な施設

- 物産館（営９時～19時［12～３月は18時まで、７～９月は８時30分～］）
- 軽食コーナー（営10時～17時［７～９月は９時～18時］）

33 なるさわ

小さな村から大きな富士山を望む絶景露天風呂

山梨県
鳴沢村

絶景

山梨県南都留郡鳴沢村――そう聞いて、何か具体的なイメージが湧く人は少ないだろう。人口3000人足らず、90平方キロメートル足らずの村域すべてが富士箱根伊豆国立公園に指定されている。

ところが、この小さな村がなかなか侮れない。富士山麓の冷涼な気候を活用した野菜栽培、観光、別荘地など、「独立」を維持して平成の大合併をやり過ごせるだけの実力があるのだ。

道の駅「なるさわ」もまた、半日旅の拠点として実に侮れない。所在地は片仮名で「ジラゴンノ」。地名の由来は諸説あり、地元の人たちの間でも謎とされている。ともかく富士山信仰とも関係ありそうな、歴史と由緒を感じさせる場所だ。

見よ！ この圧巻の絶景を！ やはり私は、富士山は登るより眺めるほうがいい。

富士山周辺はキャンプ場や道の駅が多く、仕事でもプライベートでも行く機会が多い。東京方面から中央自動車道で西へ向かうと、調布を過ぎたあたりから視界の中にときどき富士山が顔を出す。やがて大月ＪＣＴから河口湖方面に分岐すると、その存在感を増していく。裾野が広がる山容、その雄大さはいつ見てもいいものだなと思う。

富士登山は1度だけ経験したことがある。五合目まで車で行き、須走口から登った。山頂からの景色は素晴らしかったが、道中は風景が変わらず単調、しかも前後に人が連なるほどの混雑だった。昔から「富士山に一度も登らぬバカ、二度登るバカ」という言葉があるが、意味がよくわかった。

中央自動車道を河口湖ＩＣで下りて、国道１３９

号を進む。松並木が見えたら道の駅はもうすぐだ。駅には第1から第3までの広い駐車場があり、30台近い車が停められる。
　メインの建物には物産館と軽食コーナー、観光インフォメーションが入り、その隣に別施設である「なるさわ富士山博物館」がある。物産館にはJAが入っていて、新鮮な野菜が買えるほか、お土産、日本酒やワインなどのお酒も販売している。売場が広く品揃えが豊富なので買い物が楽しい。高地ならではの高原野菜は見た目にもみずみずしく、絶対に何かしら買ってしまう。スーパーに近い感覚の物産館である。

「富士眺望の湯 ゆらり」の食事処で食べた、かぼちゃのほうとうとミニまぐろ丼のセット。

　なるさわ富士山博物館は、入館無料ながら、そう思えないほど充実した施設だ。ぜひ観覧をおすすめする。巨大な富士山の3Dジオラマがあるほか、3面マルチ映像が売りのシアターで富士山の景観が楽しめる。富士山を見ながらくつろげるオープンカフェもあり、運転の疲れを癒やすのには絶好だ。

また、ここを起点に設定された1周約1・5キロの自然探索路もおすすめ。特に4月下旬は周辺に群生しているミツバツツジが咲いて美しい。もちろん四季折々の楽しみもある約25分の散歩コースだ。

道の駅周辺には、おすすめコースがまだまだある。「富士眺望の湯 ゆらり」は道の駅から車で2、3分。人気の温泉施設で、私も富士山周辺に来れば、まず寄っていく。2階の受付からお風呂へと入り、中の階段で1階へ降りると、そこはもう感動の世界。そう、富士山を一望しながらゆったり露天風呂に浸かれるのだ。銭湯に描かれた富士山ではなく、リアル富士山を堪能しながらの入浴。なんという贅沢だろ

「富士眺望の湯 ゆらり」の露天風呂に浸かって望む富士山は最高。寒さが絶妙なアクセントに。

う。
開放的で、その気分のよさは筆舌に尽くしがたい。ぜひ、天気のいい日を狙って訪れてほしい。また、入浴後に施設内のレストランで食事をしたり、休憩室で過ごしたりもできる。「富士眺望の湯　ゆらり」は、入浴料大人1200円、子供600円。19時以降の入場だと料金が割引になるのでお得だ。

約5キロ離れたところには人気のスキー場「ふじてんリゾート」があるので、シーズン中は時間により混雑するので要注意。もちろんスキーを楽しんでから来るのもいい。

みずみずしく新鮮な高原野菜やお土産が並ぶ物産館。
特産品の鳴沢菜漬け、鹿肉ソーセージも人気。

人気の観光スポット、富岳風穴も道の駅から約3キロと近い。溶岩の流れで作られた横穴トンネルで総延長201メートル。内部の温度は通年で0~3度に一定している。洞窟内が気泡の多い玄武岩でできているので音が反響せず神秘的な雰囲気が漂う。

鳴沢氷穴も3キロ圏。竪穴式洞窟で、地下21メートルまで階段で降りていく。夏はもちろん涼しくて最高だが、冬から春にかけて大きな氷柱ができる。実は冬がおすすめなのだ。

また、富士五湖のひとつ西湖も近い。西湖は富士五湖の中で本栖湖に次いで2番目に深く、2010年には絶滅したと考えられていたクニマスが発見されたことでも注目を浴びた。

富士山を見るならば精進湖がおすすめ。富士五湖の中では一番小さな湖で、周辺もあまり開発されていないが、車で湖岸まで下りることができて、湖の向こう側に富士山が見える。「富士眺望の湯 ゆらり」露天風呂からの富士山同様に、好きな風景のひとつである。

33 なるさわ

住所 山梨県南都留郡
鳴沢村字ジラゴンノ8532-63

電話 0555-85-3900

駐車台数 普通車用261台
大型車用17台
障害者用4台

主な施設

■売店（営9時～18時［季節により変動あり］）
■軽食コーナー（営9時30分～18時［季節により変動あり］）

34

はくしゅう

「名水百選」尾白川の恵みを味わいつくす

山梨県
北杜市

体験

山梨県の北西部にある北杜市白州町。白州といえば南アルプスの水、そしてサントリーの白州蒸留所があることで有名だ。

そんな白州に道の駅「はくしゅう」がある。駅名はひらがなであるが、「しらす」と読み間違えられると考えたからかもしれない。

読みにくい地名をひらがなにする道の駅が多いが、中には漢字にこだわる道の駅もある。秋田県にある道の駅「象潟」などは、知らないとなかなか読めない。はて、「ぞうかた」だったか、「しょうがた」だったか……正解はどちらでもなく「きさかた」と読む。初めてでは絶対に読めないけれども、知れば新しい知識を得る喜びがある。

中央自動車道・須玉ＩＣから県道１４１号線、６１１号線と進み、国道20号を行くと

道の駅は雄大な甲斐駒ケ岳の登山口にあたる。絶好のロケーションで、空気も澄んでいる。

左側に道の駅はくしゅうがある。天気が良く、美しい山々の姿が見えて気持ちいい。3月上旬、山の頂には、まだほんの少しだけ雪が残っていた。

道の駅内にスーパーを併設しているので、車中泊しながら旅をする私にとって日用品の買い出しもできる便利なところだ。

ここでは名水百選に選ばれた白州／尾白川の水を汲むことができる。名水百選とは、1985年に当時の環境庁が選んだ、全国各地の名水である。尾白川は南アルプスの甲斐駒ヶ岳を源流にする川。名水百選というネーミングは、無条件においしいものだと、とてもありがたく思ってしまう。

キャンピングカーにはキッチンが付いていてシンクもあり、水はタンクに汲んで使っている。そこでこの20リットルのポリタンクを持ち出して水を汲みにいった。

水汲み場所に行くと先客が2組いたが、水は3口から出ていたので、待たずに水汲みができた。聞くと休日はこぞって人が集まるため、混雑するそうだ。立て看板には「1回20リットルまで」と書いてあった。

水の流れがちょうどタンクの口に入るように調整していると、別の立て看板が目に入る。「この水は、飲料水としての水質基準に適合しています。しかし、安全のために微量の塩素滅菌をしています」。ううむ……。ちょっと残念な気もしたのだが、その場で飲んでみても、塩素の匂いはまったく感じない。口当たりのいい水である。

車に戻ってさっそくお湯を沸かして、コーヒーを淹れてみた。全国にある道の駅の中

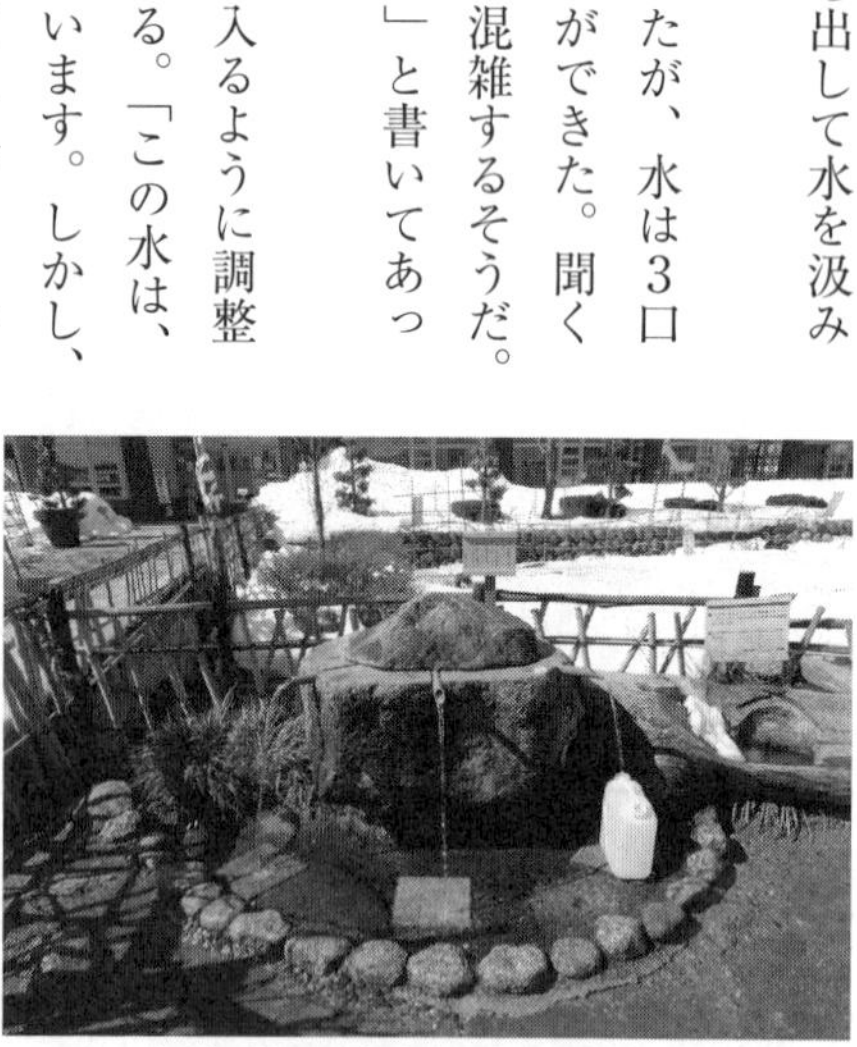

無料で汲んだ富士山の恵みを使ってコーヒーを沸かす。なかなかに贅沢な体験だろう。

で名水を汲めるところは何カ所かあるのだが、行くたびにこうしてコーヒーを沸かして飲んでいる。考えてみれば、湧きたての南アルプス天然水でコーヒーを淹れているのだから、相当に贅沢な体験だろう。これだけでも訪れる価値があるというもの。

多種多様なミネラルや有効成分が含まれた温泉が人気の「尾白の湯」までは約5分。

温泉を併設する道の駅では、ときどき温泉水を汲める道の駅もある。キャンピングカーでシャワールームが付いているものもあるので、そのご当地温泉でシャワーを浴びるという体験もいつかはやってみたい。

この尾白川の上流には尾白川渓谷がある。道の駅から尾白川渓谷への駐車場までは3・7キロほど。駐車場から約15分歩くと、神秘的なエメラルドグリーンの流れを楽しめる千ヶ淵に着く。さらに進むと3段になって流れ落ちる神蛇滝に着く。水音と空気の良さで心が洗われる。

県境近くにあるため、長野にある私が大好きな道の駅「信州蔦木宿」も車で10分でいける。

また、道の駅から車で約6分のところには白州蒸留所がある。最近は国産シングルモルトの売れ行きが好調で、しかも在庫が少なくなったということで、市場での価値が高騰している。ネットオークションでは、国産ウイスキーが軒並み定価以上の価格で売られているらしい。サントリーの「白州」もそんな銘柄である。

蒸留所を見学するには前日までの予約が必要。見学方法は2通りあって、ひとつは場内を自分のペースで見学できるもので製造工程の見学やスタッフによる案内はない。もうひとつは、スタッフによるガイド付きだ。こちらは有料となり、非売品のモルト原酒をテイスティングすることもできる。所要時間80分のツアーで、参加費は１０００円だ。お酒を飲むならば、運転手が必要だが、お酒を飲まなくてもシングルモルトウイスキー・白州の誕生の歴史や作り方などが学べて面白い。レストランやショップもあるが、それらを利用する場合も前日までに予約が必要となる。

南アルプス天然水の源流となる尾白川の源流を散策して、道の駅では名水百選を汲み、白水蒸留所では名水を原料にしたウイスキー工場を見学する。水にまつわる半日旅ができる。

そういえば、道の駅内の看板に、車で5分のところにある「尾白《おじら》の湯《ゆ》」の案内があった。尾白川河岸の地下から湧き出る超高濃度の温泉で、赤湯と呼ばれる源泉露天風呂がある。旅の締めは、ここの温泉がいい。道の駅「はくしゅう」を起点にして、尾白川の恵みを体の中からも外からも堪能できる。

34 はくしゅう

住所 山梨県北杜市白州町白須1308
電話 0551-20-4711
駐車台数 普通車用81台
大型車用４台
障害者用２台

主な施設
■ファーマーズマーケット（営9時～18時 休水曜［4月～11月は無休］）
■郷土料理「白州厨房」（営9時～16時 休同上）

35

こぶちさわ

併設ホテルに泊まって体験型の滞在を極めるのもあり！

山梨県
北杜市

体験

２０１８年11月の終わりに、アメリカのホテルグループであるマリオット・インターナショナルと積水ハウスが、地方自治体と連携しながら道の駅に隣接したホテルを開業していくと発表した。

地方を訪れる外国人観光客をターゲットにし、集客力のある「道の駅」をハブとして活用することで、地方創生事業につなげようということだ。

地方経済にとって、道の駅がいかに重要な存在になっているかを示す好例であり、今後の道の駅にとって画期的な動きが始まるような印象を受けると思う。

確かに大資本が乗り出してくるというのはインパクトがあるが、実際はもうすでに宿泊施設を併設する道の駅は全国にいくつも存在しているのだ。

陶芸、そば打ち、ステンドグラス、とんぼ玉ほか14種類もの体験メニューを用意。

ホテルの宿泊客は道の駅のコンテンツが楽しめるし、道の駅利用者はホテルの施設を日帰り利用することが可能だ。もちろん宿泊もできる。道の駅とホテルのどちらにもメリットがあり、さらに利用者や地元経済を含む、誰にとっても嬉しい循環が生まれる。道の駅が地域経済にもたらす効果は、それほど大きい。

温泉宿泊施設「スパティオ小淵沢」を併設する道の駅「こぶちさわ」もまさにその関係性を持つ。スパティオ小淵沢の施設を積極的に利用するのが道の駅の正しい楽しみ方だ。

まずは温泉。「延命の湯」は日帰り入浴が可能。南欧をイメージした大浴場のほか、露天風呂、岩風呂、サウナなどで心身をリフレッシュできる。地下15

00メートルから湧き出た、高濃度な天然ミネラルを含む、源泉46度のお湯を使っている。入浴料金は、大人(中学生以上)が820円、小学生420円、幼児は無料だ。

そしてもうひとつの目玉が「スパティオ体験工房」という施設。陶芸、押し花、はた織り、シルバーアクセサリー、ステンドグラス、フラワーアレンジ、フラワーペイント、天然石、そば打ち(要予約)、パン作り(要予約)、羊毛フェルト、ガラス磁器絵付け、とんぼ玉、革小物と、なんと14種類もの体験メニューを用意している。

これだけいろいろあれば、子供から大人まで楽しめるし、日本情緒のある陶芸やはた織りなどは外国人観光客にウケそうだ。

中には予約が必要なものもあるが、空きがあれば当日体験も可能。

天然温泉・延命の湯を贅沢に掛け流した「延命の足湯」で疲れた足を温める。

また曜日が決まっているものがあるので、事前にスパティオ体験工房事務局まで問い合わせるのがいい。

また、スパティオ体験工房では、定期的にフリーマーケットを開催している。思わぬお気に入りとの出会いを求める半日旅もいいかもしれない。開催日などはホームページで確認を。

道の駅の施設には、レストラン、カフェ、農産物直売所、パン工房、ジャム工房といったショップがある。いずれもこぢんまりとした、かわいらしい外観だ。冬季は休業しているが、足湯もあるので運転の疲れを癒せる。

このあたりは、夏でも気温・湿度ともに低く、過ごしやすい。そのため、古来、馬を育てるのに適した地域だったという。だから、現在でも乗馬クラブが多くあり、「馬のまち」として知られているのだ。

「スパティオ小淵沢」内の延命の湯は地底1500メートルから湧き出る天然温泉。

私が訪れたときは、まだまだ雪が残る寒さだったが、このあと温泉で体をじっくり温めた。

道の駅の近隣にも体験乗馬をしているところがあるので、道の駅を拠点にして試してみるのもいいだろう。もちろんインストラクターがつくので初心者でも安心して乗馬できる。

さらに、道の駅から1・5キロのところには「八ヶ岳リゾートアウトレット」がある。カジュアルファッション、雑貨、スポーツ、アウトドア用品など60店舗以上が集まる大型のショッピングモールで人気のスポットだ。アウトレット目当てに半日旅をしに来るのも、もちろんアリだ。

こぶちさわへは、アクセスがいいのも魅力。道の駅があるのは中央自動車道・小淵沢ICから約1キロと至近。高速道路での移動時間がほぼそのまま道の駅への移動時間になる。

小淵沢ICを下りて八ヶ岳高原ラインを清里方面に向かって走るとすぐに道の駅の看

板が出てくる。

国道沿いで、広い駐車場がどーんとあり、大きな建物の中には産直市場が……というのが主な道の駅のパターンだが、ここの外観はいい意味で期待を裏切る。木々に囲まれたロケーション、ロッジ風の建物。まるで高原の別荘地を見るようだ。細長い駐車場を進むと左には道の駅。ずっと奥まで行けば、温泉のある宿泊施設「スパティオ小淵沢」に到着する。

体験型のお楽しみや、グルメ、ショッピングとぎっしり詰まっているのが小淵沢の魅力。ひょっとすると、半日旅では時間が足りないかもしれない。ホテルに宿泊してたっぷり味わうという選択肢もありだろう。

35 こぶちさわ

住所 山梨県北杜市小淵沢町2968-1
電話 0551-36-3280
駐車台数 普通車用138台
大型車用８台
障害者用４台

主な施設
- 山のパン屋 桑の実
（営８時～17時［５～９月は７時～18時］ 休２・６月にあり）
- ジャム工房 夢の木（営９時～19時［10月～４月は18時まで］ 休同上）

36

こすげ

本格アスレチックのあとは温泉でリラックス

山梨県
小菅村

体験

大事なことなのではじめに言っておく。道の駅「こすげ」へは、必ず中央自動車道の大月ＩＣから行くこと！

こすげがあるのは、山梨県の北東部の小菅村。東は東京都、北は埼玉県の県境がすぐ近くにある。秩父多摩甲斐国立公園内に立地しているので、実は長野県との県境も近い。別の言い方をすると、どの都県の中心部からも遠く離れた山村である。

多摩川の源流部であり、村内にある標高１８９７メートルの大菩薩峠は有名。ここからは壮大なパノラマ風景が楽しめる。とにかく自然が多く残っているので、景観はバツグンだし、気持ちいい。

私は、北側にある道の駅「たばやま」から移動したので、県道18号線を通るルートで

森から飛び出し、約130メートルを滑空するジップスライドが人気。

こすげへ向かったが、その間の約10キロの道のりは、非常に険しい山道だった。「この先に本当に道の駅があるのだろうか？」と、心細くなるくらい山の中へと車を走らせた。車の運転に自信のない人にとってはかなり重圧がかかる道なので十分注意してほしいのだけれど、その帰り道に起きた出来事に拍子抜けしてしまった……。

中央自動車道・大月ＩＣへ向かう南側への道は、２０１４年に松姫トンネルが開通していて、峠越えの道を通らずに行けるようになっていたのだ。それ以前なら、くねくねと曲がった急峻な山道を運転に注意を払いながら1時間以上かかっていたのが、約30分で行き来できるようになっていた。

県道18号線を一生懸命に車を走らせた身としては、

あっけないほどだったが、アクセスしやすくなったのはいいことだ。ということで、こすげに行くには絶対に大月ＩＣからのルートがいい。

　道の駅周辺は山に囲まれていて静けさに包まれている。駐車場には１００台分近いスペースがあり、１区画は広く、平坦で車が停めやすい。

　訪れたらぜひ体験してほしいのが、大自然の中で楽しむアクティビティだ。こすげは「フォレストアドベンチャー・こすげ」を併設している。フォレストアドベンチャーとは、フランス発祥の自然共生型のアウトドアパーク。現在、日本国内で30カ所を超えるフォレストパークがある。ハーネスを身に着けて木に登ったり、木から木へと渡ったりできる、子供も大人も楽しめる本格的アスレチック施設だ。

東京の都心から約２時間。手つかずの自然を楽しめるフォレストアドベンチャーで童心に返る。

　フォレストアドベンチャー体験のクライマックスは、高さ15メートル、長さ１３７メートルのジップスライド。ハーネスを着けて木に登り、ワイヤーを一気に滑り渡る。ムササビにでもなったような大滑空は迫力満点だ。コースのほかにもボルダリングやスラックラインなどのアクティビティもある。

アドベンチャーコースの利用料金は大人3600円、小人（身長140センチ以上または小学4年生～）2600円。フォレストアドベンチャー・こすげの営業時間は9時から17時まで。休日は混雑するので朝イチで予約しておけば安心だろう。

さて、運動が終わったら道の駅の施設に戻ろう。総人口700人ほどという小菅村の道の駅だが、やはり侮れない。なかなかの充実ぶりなのだ。

「源流レストラン」には本格的な石窯があって、地元産のトマトやバジルを使った焼きたてのピザが食べられる。薪釜で一枚ずつ焼き上げた本格ナポリピ

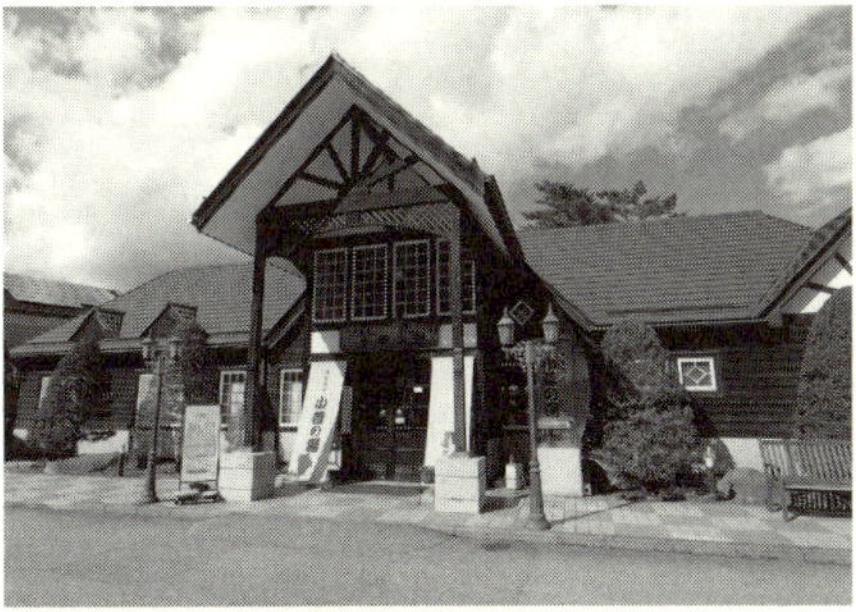

「美人の湯」として知られる小菅の湯に浸かると肌がスベスベに。露天風呂や五右衛門風呂も。

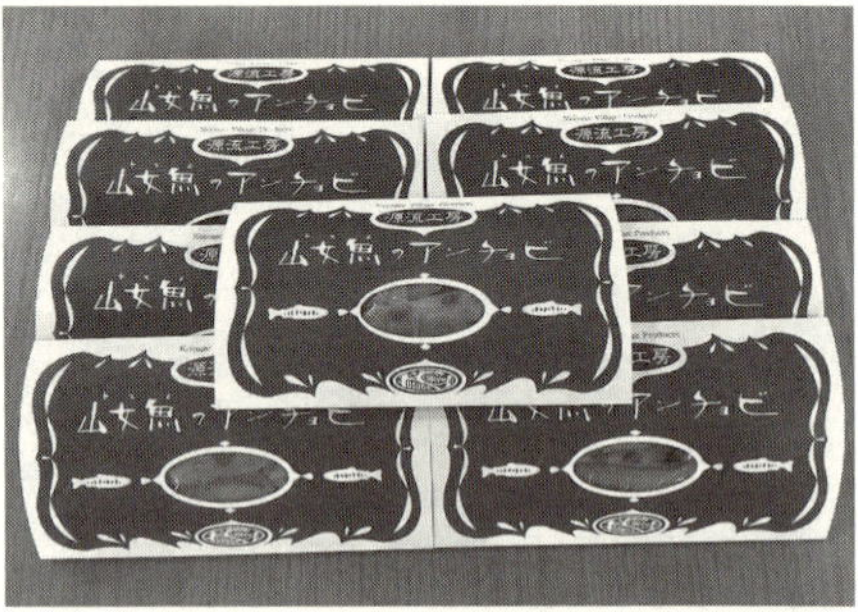

日本で初めてヤマメのアンチョビ商品化に成功したという。生臭さがなく爽やかな味わい。

ザの一番人気は、フレッシュトマトのマルゲリータ。ピザ以外にはパスタや地元の野菜を使ったサラダなどもあり、テイクアウトできる「小菅村産じゃがいも入り塩コロッケ」が人気だ。

「物産館」では小菅村で採れた地元の野菜を販売。またヤマメの養殖の盛んなところで、日本で初めて開発に成功した「山女魚のアンチョビ」は珍味。おすすめは、小菅村の名物「チャーちゃんまんじゅう」。ヨモギや高菜、ネギ味噌などを餡に使ったふっかふかのまんじゅうはずっしりとしていて満足感がある。

「小菅の湯」は高アルカリ性温泉で美人の湯といわれている立ち寄り湯である。露天風呂をはじめ五右衛門風呂、ジャグジー、打たせ湯など全部で9つの浴槽がある。入館料は3時間コースが大人620円、小学生310円。タオルやバスタオルのレンタル付き1日コースもある。休憩室もあるので、日頃の疲れた体をゆっくりと癒やすのもいいだろう。

さらに2017年には駅内にRVパークがオープン。「RVパーク道の駅こすげ」は、車5台分のスペースがあって車中泊ができる。AC100V電源が使え、ゴミ処理が可能だ。

都内からは約2時間。家族や仲間と一緒に週末アドベンチャーを楽しむのにおすすめの場所である。

道の駅を拠点に移動すれば、ヤマメやイワナの釣り、夏ならば川遊び、ハイキング、登山など小菅村内でアクティビティが楽しめる。

36 こすげ

住所 山梨県北都留軍郡小菅村3445
電話 0428-87-0765
駐車台数 普通車用93台
大型車用4台
障害者用2台

主な施設
■物産館（営9時〜18時［12〜3月は10時〜17時］ 休無休）
■源流レストラン（営11時〜16時［12〜3月は11時〜15時］ 休水曜）

Column

道の駅の〝通〟が手ぬぐいとJAFカードを持つ理由

1000カ所を超える道の駅のうち、130カ所以上が温泉を併設している。沸かし湯などの温浴施設を入れれば、それ以上の数になるだろう。さらに、道の駅のガイドブックなどに温泉併設と書いていなくても、すぐ目の前に温泉施設があることも多い。経営の母体が違うため、併設と書けないという大人の事情である。数えたことはないが足湯もかなりの数に上るはずだ。

温泉が大好きな私にとって、道の駅は温泉巡りの拠点にもなっている。道の駅の温泉はもちろん、ルートの途中で温泉地を通るチャンスがあれば入浴しているので、昼に温泉に入り、その後足湯に入り、さらに夜にも入浴するなんていう日だってある。

そんなときに便利なのが手ぬぐいだ。「洗う」「拭く」が機能的にできる上に、何しろ乾きやすいというのが手ぬぐいを使う理由である。道の駅併設だけでも70カ所以上、温泉地でいえばもっと入ってきた結果、私がたどり着いた結論だ。車のヘッドレストにかけておけば、あっという間に乾いてくれる。厚めのタオルではこうはいかないし、温泉地などで売っている薄いタオルは耐久性に乏しい。

そしてもうひとつ、旅の必携品がＪＡＦカードである。旅を始めた頃はあまり気にしていなかったのだが、会計のときにＪＡＦマークを見るクセを付けるようになったら、ＪＡＦカード割引を実施している道の駅がなんと多いことか。幸いなことに、これまでレッカーのお世話になったことはないが、施設の割引ではずいぶんと助けられている。

温泉施設は特にＪＡＦカード割引をしているところが多い。カードを持っていてもあまり活用していない人がいるようだが、これは正直もったいない。塵も積もればなんとやら。１回の割引額は大したことがなくても、旅を続けていれば結構な金額になる。長く旅を続けるためには節約も大事な要素だろう。

最近は、カードがアプリになってスマホの中に入れられるようになり、さらに使う頻度も増えた。旅先でのＪＡＦカード、ぜひおすすめしたい。

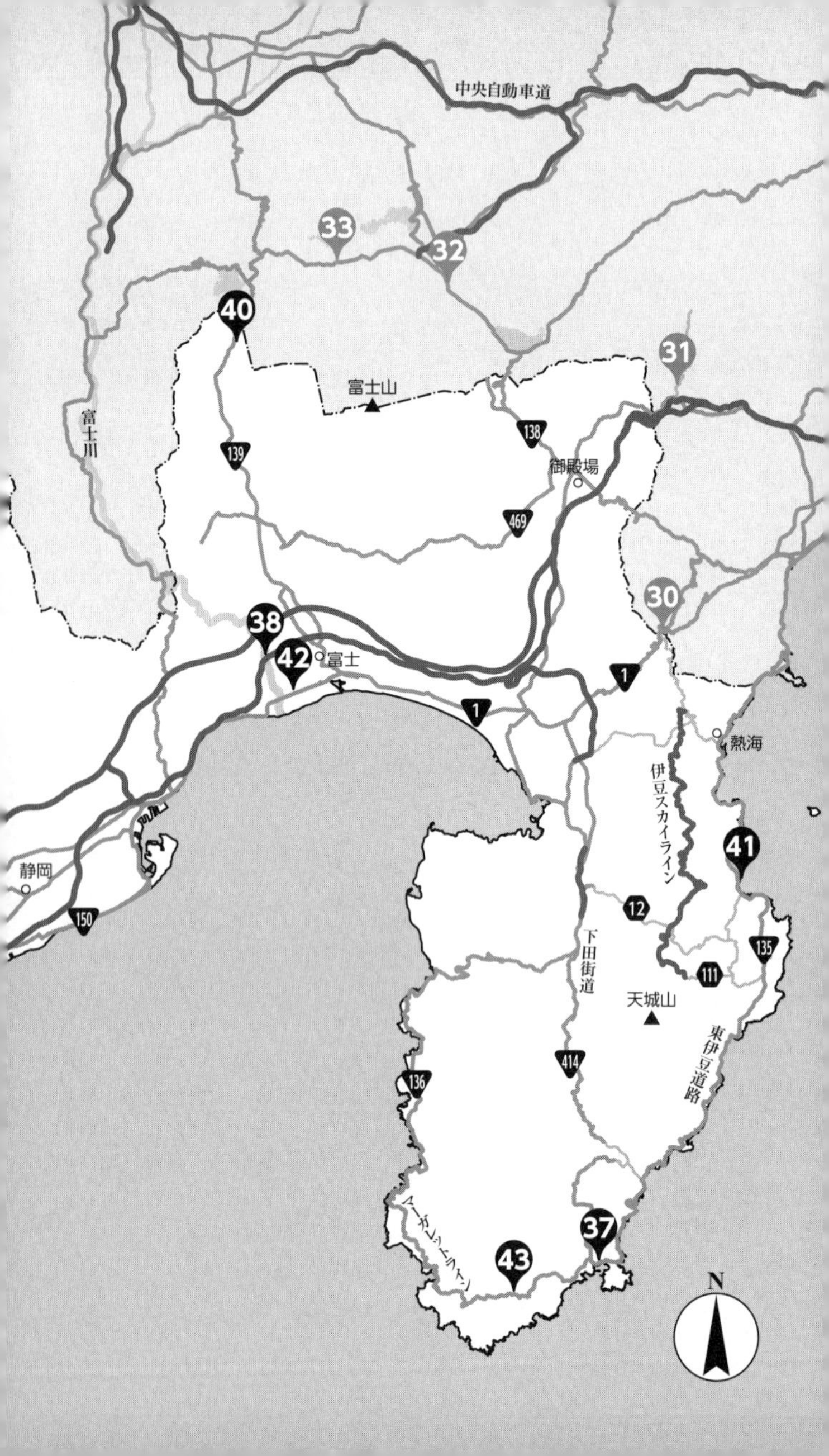

中央自動車道
33
32
40
31
富士山
富士川
138
139
御殿場
469
30
38
42
富士
1
1
熱海
伊豆スカイライン
41
静岡
150
12
下田街道
135
111
天城山
東伊豆道路
414
136
マーガレットライン
37
43
N

第6章

富士を仰ぎ、太平洋を望む交歓エリア

静岡エリア

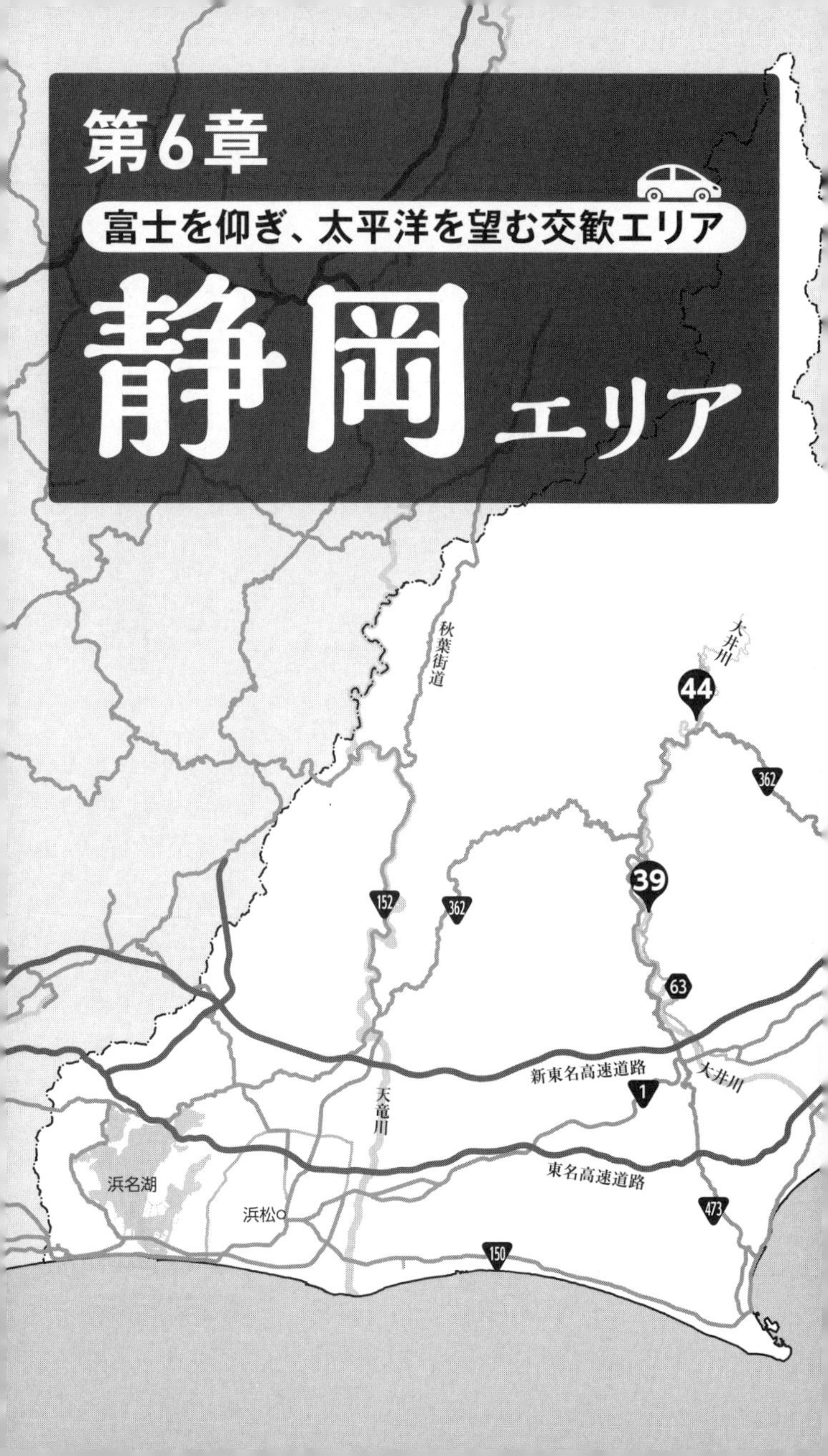

37

何をおいても食べたい下田の金目鯛

開《かい》国《こく》下《しも》田《だ》みなと

静岡県
下田市

グルメ

伊豆半島最南端にあるのは南伊豆町。そのすぐ東側の隣にあるのが下田市だ。自然が多くきれいな海が広がる。

特に白浜大浜海水浴場は、伊豆最大の７００メートルの砂浜があって、夏は海水浴客でごった返す。サラサラとした白砂が特徴で、裸足で歩いても足に触る感触がいい。下田温泉も全国的な知名度を誇る。多くのホテルや旅館で日帰り入浴が楽しめる。また、歴史の教科書にも記されているように、下田港には幕末期に黒船がやってきて、開国の港としても有名だ。

などと、下田に関する一般論を並べてみたが、私にとって下田とは、ズバリ、キンメダイを食べるところだ。……それではあまりにも乱暴に過ぎるが、でもそれくらい私は

これぞ海の幸に恵まれた下田の魅力。高級食材の伊勢海老がこんな豪快に売られている。

キンメダイを推したいと思う。

下田港はキンメダイの水揚げ高が日本一。「タイ」と名前が付いているがタイの仲間ではなくて、水深200〜700メートルに生息する深海魚だ。脂ののった白身で、クセがなく甘い上品な味。ご存じの通り、大変な高級魚だ。しかし、日本一の産地、ここ下田なら比較的リーズナブルに食べることができる。

東京方面からは、伊豆半島の中央を縦断する国道414号と、東側を通る国道135号のふたつのコースがある。道の駅は下田港のすぐ近く。屋内駐車場があるが、全高2・5メートルまでの制限があった。キャンピングカーは3メートル近く全高があるので手前の大型車駐車場に戻って駐車した。すぐ目の前には港。天気がよくて気持ちがいい。やっぱり海はいい。

ちょうど昼だったので、キンメダイを食べようと、まずは道の駅1階にある「さかなや」へ行くと、かなりの行列。ここは煮付け定食が自慢の食事処だ。それではと、2階にある回転寿司屋の「魚どんや」へ行くが、ここもまた長い行列が……。

1階にはキンメダイをハンバーガーで食べられる「Ra-maru」もあるのだが、いや、ちょっと今の気分とは違う。ちなみにハンバーガーは、切り身のフライに、カマンベールとチェダーの2種のチーズをあわせた特製ソースをかけた、ボリューミーなアメリカンサイズ。ご当地バーガーとして有名な超人気商品だ。テイクアウトもできる。

しかたがないので、少し道の駅で時間をつぶそう。道の駅の2階には、広いウッドデッキがあって、そこから建物に入ると観光案内所がある。下田エリアのアウトドア体験

下田に来たら、必ず1回は食べておきたい金目鯛。
刺し身もいいが、甘辛い煮つけもたまらない。

などを紹介する「し〜もん」「伊豆半島ジオパーク下田ビジターセンター」が営業している。観光案内所にはパンフレット、各種割引券などが充実していて、イベント情報や宿泊情報も手に入る。伊豆観光の情報源として活用できる。

イベントといえば、春から夏にかけてはキンメダイに脂がのっておいしい季節であることから、毎年6月に「下田きんめ祭り」が開催される。道の駅も会場のひとつとなってキンメダイグルメを満喫できるイベントに一役買っている。ああ、キンメダイが食べたい。

煮付けのイメージが強いが、「日本一の金目鯛の町」をうたっている下田市だけあって、ラーメン、カツ丼、チャーハン、シュウマイなどにもキンメダイを使っているという。余裕があったら、そんなメニューも食べてみたい。

なかなか趣がある黒船遊覧船「サスケハナ」。道から海へ、波に揺られながらの下田巡りもいい。

散歩中に見つけた、赤い風車で作られた金目鯛のオブジェ。眺めていたらお腹がグーと鳴った。

レストランの行列はなかなか短くならない。しかたがないので遊覧船乗り場のほうへ行ってみる。駐車場のすぐそばに黒船遊覧船乗り場があった。黒船遊覧船「サスケハナ」に乗って、日本開国の舞台となった伊豆下田港を回る「下田港めぐり」は、一周約20分で、大人１２００円、小人６００円。

港を少し散歩して、道の駅に戻る。しかし、食事処はまだ混雑している。４階にあるミュージアムへ行ってみた。「ハーバーミュージアム」は下田の歴史を映像や模型で紹介する。

もうひとつは毎年下田で開催されているカジキ釣り大会の歴史を伝える「ＪＧＧＦかじきミュージアム」で、共通入館料が大人５００円、小中学生２５０円となっていた。ペリーがやってきたときの資料や黒船の模型などなかなか興味深いものがあった。

さて、まだ人が並んでいるが、だいぶ少なくなったようなので、「さかなや」の列に並ぶ。もう限界だ。

迷うことなく、キンメダイの定食を注文した。身はふっくらと仕上がり、なおかつプルプルとしている。煮汁も程よい甘辛さが素晴らしく、ごはんがどんどん進む。長い間待った甲斐があった。

回転寿司も気になるし、あとで下田市魚市場を覗いてみたら、ここにも併設する食事処「市場の食堂　金目亭」があるのを発見した。さすが下田。定食から想像すると、ほかのお店もおいしいに決まっている。期待は高まる一方だ。また食べに来ようと思った。

37 開国下田みなと

住所 静岡県下田市外ヶ岡1-1
電話 0558-25-3500
駐車台数 普通車用207台
大型車用13台
障害者用６台

主な施設
- 地魚回転寿司 魚どんや
（営11時〜15時30分、17時30分〜20時30分　休不定休）
- 漁協直売所（営８時〜16時30分　休不定休）

38

富《ふ》士《じ》川《かわ》楽《らく》座《ざ》

〝普通じゃない〟道の駅で楽しむ大観覧車とプラネタリウム

静岡県
富士市

グルメ

普通のようで普通じゃない。それがこちら、道の駅「富士川楽座」だ。

富士川の流れに沿うようにして県道10号線を南下し東名高速道路が目の前に見えたところの手前で左折して、駐車場へ車を入れる。駐車場は富士川の河川敷のすぐそばだ。駿河湾まではあと少し。川幅の広さに心がおおらかになる。

駐車場から道を挟んだ富士川楽座の建物までは陸橋が連絡している。まず普通じゃないのがその見た目。道の駅の建物には「普通のスタイル」がある。多くの場合、平屋造りで天井が高いのがお決まりだ。ところがここはちょっと違う。そのたたずまいは、まるでショッピングセンターのそれだ。

エレベーターに乗って建物の3階に移動すると、フードコート、土産処、屋台コーナ

道の駅唯一のプラネタリウムでは、直径14メートルのドームスクリーンで楽しむことができる。

ーが広がっている。たくさんのテナントが入っていて、それはもうお祭りのようなにぎやかさだ。

そこから屋外に出てみると、「ふじのくに楽座市場」があり、野菜や果物を販売している。3階なのになぜ外へ？

これが普通じゃないところ。なんとここは東名高速道路の富士川SA（上り線）なのだ。1階は一般道と、3階は東名高速のサービスエリアとそれぞれつながっている。

「一般道のサービスエリア」と呼ばれることもある道の駅。それを高速のSAと一体化させているのだ。

おそらく高速道路の休憩所として利用している人は、ここが道の駅を兼ねているなんて思っていないだろう。

高速道路とは上り線側とだけつながっているのだが、ＥＴＣ搭載車なら下り線からもアクセスする方法がある。一旦、富士川スマートＩＣを利用して高速道路を出ることで、道の駅を利用できるのだ。下り線の高速道路に戻るには、またスマートＩＣから入場すればいい。ただし、あくまでも高速道路は下りることになるので通行料金はそこで確定。入り直すと新規再スタートになってしまう。

さて、この道の駅、エンターテインメント性も普通じゃない。まずひとつは4階にあるプラネタリウムである。そもそもプラネタリウム自体がそうそうあちこちにあるものではない。というよりも、道の駅にあるのは全国でもここだけだ。

ふじのくに楽座市場では旬の野菜のほか、季節ごとの色とりどりの花もたくさん並べられていた。

しかも使われているメガスターという投影機は大平技研という日本の会社が開発したもので、「世界で最も先進的なプラネタリウム投影機」としてギネスブックにも認定された高性能マシン。直径14メートルのドームに、4K画質でCG投影される星々の数は最大で2000万個！　夜でなくても、晴天でなくても満点の星が見渡せる。

気軽にプラネタリウムを体験してほしいという「ぷらっとプラネ」を掲げ、上映は1日15回、30分間隔で投影している。時間がないという人でも楽しめる工夫である。入場料は大人600円、小人300円とリーズナブルなのもいい。4階にはほかに、レストラン、カフェ、展望ラウンジがある。

2階の「体験館どんぶら」も楽しい。ここは子供のための各種体験が楽しめるアミューズメント施設。実験ショーや物作り教室を開催している。

1階には、富士市観光案内所・富士川楽座旅行センターがある。

そしてもうひとつの普通じゃないポイント、それが「大観覧車」だ。

最大2000万個の投影が可能で、荘厳な星空を作り出す高性能マシン・メガスター。

B級グルメの王様・富士宮やきそばも忘れずに食べたい。ソースの香ばしさと削り粉の匂いがたまらない。

実は私が最初に訪れた2014年には、まだ影も形もなかった。サービスエリアに高さ60メートルもある大観覧車「フジスカイビュー」が誕生したのは2017年2月のこと。

1周するのにかかる時間は約12分。1人分の料金は、1周700円、2周1000円。営業時間は10時から21時までで、日没から21時まではライトアップされ、雄大な景色が楽しめる。

2014年に行ったときには展望ラウンジがあって、そちらからは伊豆半島まで見渡せた。それでも十分感動したものだが、今ではより高い観覧車から富士山をはじめとした眺望を楽しめるようになった。

またこの観覧車が、やっぱり普通じゃないのだ。全部で36台あるゴンドラのうち、8台が、なんとシースルーゴンドラになっている。床面、座席面が透明で、足もと、真下が丸見えなのだ。あたかも空中を漂っているような浮遊感が味わえる、というが、私にはまだその勇気はない。高所恐怖症でなくとも、想像するだけでゾワゾワとしてくる。料金は普通のゴンドラと同じだ。

この観覧車がスタートするタイミングで、新しい店舗や展望デッキもオープン。これはぜひ再訪して、ひと通り体験しなければなるまい。

もちろん、普通の道の駅としての機能も十分以上なので安心してほしいが、ここがいかに特別なのかは理解してもらえたと思う。

38 富士川楽座

住所 静岡県富士市岩渕1488-1
電話 0545-81-5555
駐車台数 普通車用270台
大型車用10台
障害者用４台

主な施設
■まるとく市場（営８時～21時）
■富士川フードコートテラス（営８時～21時［LO20時30分］）

39

川《かわ》根《ね》温《おん》泉《せん》

SLが見える贅沢露天風呂と遊び尽くせぬ充実施設

静岡県
島田市

温泉

大井川鐵道は、現在でも蒸気機関車を年間300日以上も走らせている日本で唯一の鉄道である。

古くなって姿を消すことになった鉄道車両を動かせる状態に整備して保存することを「鉄道の動態保存」というのだが、大井川鐵道では4両の蒸気機関車をほぼ毎日運行しているのだ。

路線となるのは金谷駅（静岡県島田市）から千頭駅（川根本町）までの39・5キロの区間。蒸気機関車のほかにも、全国の私鉄で現役を引退した車両が走り、機関車トーマス号も仲間入りして子供たちにも大人気である。

そんなさまざまな鉄道車両を露天風呂から眺めることができるのが道の駅「川根温泉」

目の前を流れる大井川流域を、大井川鐵道のSLが毎日運行。
全国各地から鉄道ファンも訪れる。

だ。入浴している目の前を蒸気機関車が煙を上げて走る迫力ある姿を見ることができるのは全国でもここだけだろう。12時30分には下り、15時30分には上りが1本ずつ通過するほか、夏休み期間中などは増発される（冬季には運休日がある）。

蒸気機関車を見るのが目当ての場合は、大井川鉄道のホームページで予定を確認してから出かけたほうが確実だ。

見るだけで満足できなければもちろん乗車もできる。客車は昭和初期に作られたものをけん引しているので、扇風機や木製のデッキなどレトロな雰囲気を味わえる。

小さな子供がいる家族におすすめの道の駅を聞かれて、川根温泉を推したことがあるが、男の子が鉄道好きだったこともあって、ものすごく喜んでくれた。大好きなトーマス号に乗って、帰りには温泉にも入ったそうだ。

露天風呂から蒸気機関車が見えるというだけでなく、温泉の泉質も素晴らしい。これまでに道の駅に併設する温泉70カ所以上で入浴してきたが、ここはお気に入りのひとつである。

毎分730リットルという豊富な湯量の威力は甚大で、内湯、炭風呂、ひのき風呂など男女合わせて11ある浴槽はすべて源泉かけ流し、まさに湯水のごとし。贅沢な気分を満喫でき、いつまでも浸かっていたくなる。なめるとちょっとしょっぱい塩化物泉というのもお気に入りの理由だ。

道の駅へのアクセスは新東名ならば島田金谷ＩＣを下りてから、国道473号、県道63号線を経て約25分。

道の駅の駐車場からも大井川鐵道を走る列車を見ることができる。

東名高速ならば相良牧之原ＩＣを下りて、国道４７３号、県道63号線を経て約１時間。目安としては東京から約２時間30分。温泉施設「ふれあいの泉」がメインの施設であるが、ほかに売店、サウナ付きのプール棟、足湯、宿泊棟、ドッグラン、バーベキュー施設がある。まさにオールインワン型の道の駅だ。

プール棟は20メートルの温水プール、ジェットスパや歩行浴、寝湯、各種サウナがあり、夏には屋外プールも営業。ここからも蒸気機関車を眺めることができる。無料の足湯も川根温泉の源泉を使っていて、ここには朝から地元の人がやってくる人気スポット。足拭き用のタオルは売店でも売っている。

良質な川根温泉を家に持ち帰って楽しむことができる温泉スタンド。私の夢は車内で温泉シャワーだ。

ひときわ目を引くのが「温泉スタンド」。ガソリンの給油機のような機械が置いてある、いわば温泉の自動販売機だ。コイン１枚で20リットル、１回１２０リットルまで買える。コイン1枚は50円で、売店で買える。家庭で温泉を楽しみたい人向けの温泉スタンドだが、私がたくらんでいるのは、キャンピングカーの水タンクに入れて温泉シャワーをやること。いつか試してみたい。

宿泊棟は、道の駅の建物から少し離れたところにある。貸別荘タイプのコテージがいくつも並び、中には源泉かけ流しの専用露天風呂が付いている贅沢なものもある。

川根温泉を煮詰めてできた貴重な塩を使った「幻の塩ラーメン」。ミネラルを感じる贅沢な味わいだ。

ここでバーベキューをするには、事前に予約が必要だ。食材や道具を持参して、席だけ予約するのもOKだし、「手ぶらでバーベキュープラン」を選べば、すべてがセットになって、ゴミの回収もしてくれる。日帰り利用もできるから、半日旅のプランにも組み込める。

愛犬連れも楽しめるのも強みだ。宿泊棟の近くにはドッグランがあるし、道の駅の食事処「萌」で愛犬と食事ができるほか、ふれあいコテージ敷地内のサクラテラスでも愛犬と一緒に食事やコーヒーを楽しめる。

売店のおすすめ商品は日本三大銘茶にも数えられている川根茶。道の駅のある島田市の山間部は日照時間が短く、昼夜の寒暖差が大きいために、質の良いお茶の産地だ。お土産に買うと喜ばれるだろう。

ほかにも手もみ茶体験ができる施設があったり、河川敷のパターゴルフ場、ボディケアが受けられる癒し処があったり、とにかくいろいろと施設が揃っていて、遊びのためのコンテンツが充実。半日旅ではとても遊び尽くせないほどの道の駅である。

39 川根温泉

住所 静岡県島田市川根町笹間渡220
電話 0547-53-4330
駐車台数 普通車用250台
大型車用４台
障害者用４台

主な施設
- 道の駅外売店（営９時～17時　休第１火曜［変動あり］）
- Café サクラテラス（営10時～16時　休火曜・水曜）

40

朝《あさ》霧《ぎり》高《こう》原《げん》

最高の富士山を眺めながら絶品ソフトでリフレッシュ

静岡県
富士宮市

絶景

朝、よく霧が出るから朝霧高原。わかりやすい。標高は700〜1000メートルで、夏でも涼しく、朝晩は肌寒いほど。爽やかな場所だ。

ここに来るべき最大の理由、それは最高にフォトジェニックな富士山に会えること。本書においても、富士山のある光景についてはたびたび触れてきたが、もうなんというか富士山が近くにあるというのは、それだけで「時間の価値」が高まる気がするのだ。いつでもどこでも、ふとした瞬間に富士山を見てうっとりできる贅沢。富士山の絵を描きたくなったり、ダイヤモンド富士と呼ばれる年に数回しかチャンスのない写真を撮るために執念を燃やす人がいるが、その気持ちもよく分かる。

どこにいても富士山が目の前なのだが、さらにとっておきのおすすめスポットをお伝

目の前に富士山が悠々と鎮座。写真もいいが、ぜひ生で見てほしい。

えしよう。

駐車場から建物に向かって左側に、多機能トイレがある。その脇を抜けて階段を登っていくと富士山展望台に行けるのだ。ここから見る富士山は本当に大きい。おそらく多くの人は、もうここまで来ればどこでも同じだと思ってしまうのだろうが、このほんの少しの接近によって、富士山の絶景をより格別なものにできるのだ。富士山をバックにした、より映える記念写真が撮れることを受け合う。

もうひとつ、この道の駅で絶対に外せないのが、ソフトクリームだ。普段あまりソフトクリームを食べないのだが、ドライブ中の休憩では無性に食べたくなるのはなんでだろう。運転はたくさんの情報を処理しているので脳は意外と疲れているのだろうか。

栄養として糖分を欲しがるのか。それとも、冷たさで眠気を払ってシャキッとできるのがいいのか、とにかく道の駅といえばソフトクリームだ。アイスクリーム工房の人気ナンバーワン「あさぎり牛乳ソフト」は、朝霧特濃牛乳を使ったソフトクリームで、ミルクは濃厚であるのに、さっぱりした後味だ。これは迷わず食べておこう。

売店には、ここならではの牛乳、チーズ、バター、ハム、ソーセージ、ベーコンなど、酪農・畜産関係の品数が豊富だ。休日になると積極的に試食をすすめてくれる。食べればおいしいのでついつい買ってしまう。この地はニジマスの養殖も盛ん。マスのおにぎりやマス寿司弁当も売れ筋だ。ほかにレストランや、周辺観光地・施設の割引券やパンフレットが手に入る情報コーナー（やけに充実している）もある。

朝霧高原は、富士箱根伊豆国立公園に指定されている。夏は避暑地としても人気だ。

さらに道の駅の建物裏手に併設されている「あさぎりフードパーク」が併設されていて、まるでもうひとつ道の駅があるかのよう。広い敷地内には「食の工房」、牛ステーキなど地産地消のメニューが味わえるビュッフェレストラン、土がふかふかのドッグラン、バーベキューサイト、売店がある。

食の工房は、「あさぎり牛乳工房」「お茶工房 富士園」「上野製菓あさぎり工房」「甘味処 かくたに芋工房」「富士正酒造あさぎり蔵」の5つ。それぞれ特産品を販売している。それに加えて、短時間で参加できるワークショップ的な体験ツアーを用意していて面白い。

酪農が有名なこともあり、搾りたての牛乳を使った「あさぎり牛乳ソフト」は格別なおいしさ。

朝霧高原へのアクセスは、中央自動車道・河口湖ICを下りて、国道139号を富士宮方面へ。河口湖、西湖、精進湖、本栖湖の脇を抜けるようにして進む。車窓の左手には富士山が見え、だんだんと大きくなってくるの

新鮮な農産品、牛乳やチーズ、バター、ハムといった畜産品も数多く取りそろえている。

が楽しい。国道１３９号は西湖を越えたあたりから、青木ヶ原樹海に入る。春は新緑、秋は紅葉を味わいながらドライブできる。都心からのアクセスは約２時間とちょうどいい。

東名高速道路からならば富士ＩＣ、新東名高速道路ならば、新富士ＩＣ。どちらの場合も西富士道路経由で国道１３９号へと接続する。

最後に、富士宮市といったらやきそばに触れないわけにはいくまい。Ｂ級グルメの大会「Ｂ－１グランプリ」の第１回、２回大会で優勝したご当地の人気のグルメである。

市内にある決められた製麺業者の麺を使用し、ラードを使って炒める。キャベツは富士宮の高原キャベツを使用。ほかには肉かすを入れるなど、富士宮やきそばを作るための条件はなんと12カ条に及ぶ。

市内ではこの12カ条の「おきて」に沿ってやきそばを作っている店だけが「富士宮やきそば」を名乗れるのだ。

残念ながら道の駅のレストランではメニューにないのだが、売店のお土産としてなら販売されている。

国道139号を富士宮市街方面へ行くと、富士宮やきそば学会直営のアンテナショップがある。ここではもちろん12カ条にのっとったやきそばが食べられる。私も何度か食べたことがあるが、コシのある麺が特徴で、最後にふりかけるイワシの削り粉がおいしい。まずはここでスタンダードな富士宮やきそばを味わってから、食べくらべに出かけるといいかもしれない。

40 朝霧高原

住所 静岡県富士宮市根原字宝山492-14
電話 0544-52-2230
駐車台数 普通車用120台
大型車用11台
障害者用２台

主な施設
- 特産品展示販売コーナー（営８時～17時30分［12～３月中旬は17時まで）
- レストラン（営８時～17時30分［LO17時］）

41

朝湯でさっぱりしたら、海を眺めつつ贅沢な朝食を

伊《い》東《とう》マリンタウン

静岡県
伊東市

グルメ

伊豆の入り口・伊東で最上級のグルメや温泉を味わい、愛犬を連れていれば一緒の時間を存分に楽しむ――それが、道の駅「伊東マリンタウン」である。

伊豆半島には、修善寺、土肥、下田など全国的にも有名な温泉地がたくさんあるのはご存じの通り。年間を通じで温暖で、首都圏から気軽に行ける距離だ。夏は白浜海岸や弓ヶ浜海岸など砂浜がきれいなビーチで海水浴が楽しめるし、熱川バナナワニ園、伊豆高原、下田海中水族館、伊豆アニマルキングダムなど観光スポットには事欠かない。

海と山が接近した地形は、山の幸も海の幸も豊富。地元で水揚げされた金目鯛や伊勢エビなど、おいしい魚介を味わうことができるので、大好きな地域のひとつだ。

中でも伊東は、東京から約2時間、国道135号沿いにあって、古くから伊豆観光の

大海原を眺めながら浸かる温泉は格別。地下1000メートルから湧き出ている。

拠点として栄えてきた。伊東マリンタウンも、休憩場所、食事処として大変な人気を誇っている。近くには海底温泉で有名なホテルサンハトヤがあり、道を挟んで向かいには量販店のドン・キホーテも。

私も伊豆に行くときには伊豆マリンタウンに必ず寄る。しかも行き帰りに寄る。ひょっとしたら、伊豆観光をする人が全員ここに立ち寄っているんじゃないか思うほど、いつ行っても混雑している。駐車場は約300台のスペースがあるのに、停める場所を探すのに苦労するときもある。深夜、早朝でも車の出入りが絶えない。

なぜそれほど人気があるのか。その答えは、道の駅の基本的な機能の〝すべて〟が揃っているからにほかならない。地域特有の名物が買えて、食べられて、ドライブの疲れを癒やせること。それが最上級の満足度で提供できていることに尽きる。もちろん、施設の管理や運営も素晴らしいのだが、何よりも伊東という場所が持つ魅力が飛び抜けているのだといえる。

見どころを紹介していこう。まず国道側から建物を見て向かって左の建物がオーシャンバザール棟。ここにはお土産店やレストランなどが入っている。

お土産エリアはデパ地下のようなにぎやかさで、何を買っていいのか目移りしてしまうのだが、私は結局いつも地魚の干物に落ち着く。休日は特に観光客で混んでいる。新鮮な魚介が食べたかったら、地元市場の仲買人が経営する寿司店がいい。ここで食べる海鮮丼やにぎりは、都内で食べるものとはぜんぜん違う。2階にも展望のよいレストランがあり、この棟だけでも観光スポットのひとつとして成り立つくら

海が一望できる大浴場と露天風呂、さらにアロマバスにドライサウナなどがそろう。

い充実。

向かって右側にあるのがスパ棟である。ここは温泉施設・シーサイドスパがメイン。地下1000メートルから湧き出す塩化物泉に入浴できるが、朝5時から営業しているので、こんな活用法はどうだろう。

なんてことはない「アジの干物定食」も、海を眺めながら食べると絶品メニューに早変わり。

早朝に家を出て、伊東マリンタウンへ到着したら温泉で朝湯。シーサイドスパの2階にあるマリーナ展望レストランは朝6時から営業しているので、海を見ながら焼き魚の朝定食を食べて腹ごしらえ。そして気力充実のまま伊豆半島の先端までドライブ――なんと有意義な時間の使い方ではないか。

目の前にはヨットが停泊するマリーナがあり、遊歩道「幸せの風吹く 伊東マリンロード」が整備されている。11時~15時の開門時間は無料で利用できる。天気のいい日に、潮風を受けながらの散歩は極上の

伊東サンライズマリーナに所狭しと並ぶ小型クルーザー。遊覧船で楽しむのもいいだろう。

贅沢だ。

マリーナには無料の足湯があるが、これがまた面白い。全長が43メートルもある「あったまり〜な」は最大容量は70人。海に向かって横長に設置されていてみんなで並んで足をつけるのだ。営業時間は9時〜16時で雨天時は休みになる。オリジナルタオルは自動販売機で1枚100円。

ここが特別なのは、愛犬用の足湯もあることだろう。「1♡♨《わんらぶゆ〜》」と名付けられた足湯は飼い主と向かい合わせになって一緒に楽しめる。大型犬用と小型犬用のふたつの浴槽があって、ワンちゃんはまずシャワーで足を洗ってから入浴するのだ。利用する場合は、狂犬病や混合ワクチンを接種しているかなどのルールがあるので、そこだけは注意してほしい。それにしても足湯もとうとうここまできたかという感じである。

道の駅からは遊覧船にも乗れる。スパ棟より奥にポートタワー棟があって、そこの1階に受付がある。「はなひら丸イルカ号」と「ゆ～みんフック」の2艘の船でクルージング。どちらも1周約45分の周遊コース。半潜水式のグラスボートで、海中の様子を見ながらの航海だ。

伊東マリンタウンは、テレビや雑誌でよく取り上げられるが、それだけの価値があるということ。海があり、温泉があり、土産ものが充実。地の魚介類が食べられる食事処もある。そのいずれもが最上級の質を備えている。これ以上に道の駅に求めるものはない。犬好きのドライバーなら、一緒に入れる足湯だけでも来る意義があるだろう。

41 伊東マリンタウン

住所 静岡県伊東市湯川571-19
電話 0557-38-3811
駐車台数 普通車用297台
大型車用8台
障害者用9台

主な施設
- おみやげ12店舗（営9時～18時［季節、店舗により異なる］ 休無休）
- 海が見える天然温泉シーサイドスパ
（営朝湯5時～10時、通常10時～22時 休不定休）

42

富《ふ》士《じ》

左富士と老松。現代にも残る浮世絵の世界

静岡県
富士市

絶景

国道1号といえば、東京・日本橋から大阪市までの総延長約760キロの主要幹線道路。江戸時代の五街道のひとつ東海道がベースになっていて、横浜から西は旧東海道とほぼ同じルートだ。東京、神奈川、静岡、愛知、三重、滋賀、京都、大阪の8都府県を通過する、日本一多くの都道府県を通る国道でもある。

道の駅「富士」は、その国道1号沿いにあり、静岡県で一番古く1993年に登録された。富士川が近く、由比ヶ浜や三保の松原などの観光地への拠点に便利なロケーション。国道沿いの上下線それぞれに建物があるが、地下道で行き来できるようになっていて、ひとつの道の駅として数えられているから、道の駅スタンプはひとつだ。

静岡県には同じように国道1号沿いに上下線に分かれている、道の駅「宇津ノ谷峠」

少々わかりづらいが、右奥に見えるのが富士山だ。澄んだ空気が心地いい。

があるが、ここは静岡側と藤枝側のそれぞれが別の道の駅として登録されているのでスタンプはふたつ。ちょっとした豆知識ではある。

江戸時代の話だが、東海道を東から西へ向かうときは、富士山は右側に見えている。ところが依田橋では、松並木の間から左側に富士山が見えたという。そこでここが「左富士」として東海道の名勝になった。浮世絵師、歌川広重が描いた東海道五十三次でも、左富士の浮世絵が残っている。

「東海道五十三次内吉原」と呼ばれる浮世絵は、中央から左に向かって曲がっていく松並木と、馬に乗って道を行く人の後ろ姿が描かれている。その人物の左側に富士山が見えているという構図だ。

歌川広重の道中日記に「原、吉原は富士山容を観る第一の所なり、左富士京師（京）より下れば右に見え、江戸よりすれば反対の方に見ゆ。一町ばかりの間の松の並木を透かして見るまことに絶妙の風景なり、ここの写生あり」と記されている。

　右に見えるか、左に見えるかだけで、浮世絵にされて、しかも何百年もたった今でも、語り継がれているのだからやはり富士山は偉大である。

　浮世絵が描かれた場所というのが、道の駅のある富士市内の依田橋付近である。そこには東海道五十三次内吉原に描かれた松が１本だけ残っていて、その老松を景観重要樹木として保存しているのだ。道の駅から東に約７キロ。県道１７１号線沿いで、依田橋町にある左富士神社近くの交差点にひっそりと佇んでいる。

　県道１７１号線の左側の沿道に老松、そしてさらにその左側に富士山が見えるのは感

静岡で最初にできた道の駅。富士箱根伊豆国立公園などに向かうドライブ客の立ち寄り処として人気。

慨深い。

余談だが、下りの東海道新幹線なら山側の席から富士山を見られるが、海側からも天気などの条件が揃えば30秒ほど左富士が見える。

さて道の駅富士は上下線ともに食堂があって、国道沿いの休憩施設として活用されている。土産物売場は上り線だけがあり、さらに屋上の展望所から富士山を望む。

実は私が行った日は残念なことに小雨が降っていて、富士山は顔を出さなかった。建物の屋上に富士山を模した三角屋根があってその隣に富士山ビューポイントと書かれたエリアがある。ここからはどんな富士山が見えるのか。次に行ったときの楽しみにしようと思う。

42 富士

住所 静岡県富士市五貫島669-1
電話 0545-55-2777（富士山・観光課）
駐車台数 普通車用／
上り52台、下り19台
大型車用／
上り8台、下り13台
障害者用／
上り1台、下り1台

43

春を告げる河津桜を愛でる伊豆半島最南端の道の駅

下《しも》賀《が》茂《も》温《おん》泉《せん》 湯《ゆ》の花《はな》

静岡県
南伊豆町

絶景

日本人ほど桜が好きな国民はいない。私は隅田川のすぐそばに住んでいるが、桜の開花が報じられると、待ちわびた人々がレジャーシートを敷いて花見を始める。花見は日本の国民的行事。もちろん私も同様で、毎年、桜の季節が待ち遠しい。

桜が咲き誇り、花見を楽しめる道の駅は何カ所かある。その中でも規模が大きくておすすめしたいのは、伊豆半島の南端にある道の駅「下賀茂温泉 湯の花」の桜だ。それもソメイヨシノではなく、早咲きの河津桜である。

河津桜は河津町に原木があることから名付けられた早咲きの桜。ソメイヨシノよりも濃いピンク色の花をつけ、2月上旬の開花から1か月ほど楽しむことができる。

伊豆半島というと道が狭く、いつも渋滞しているという印象を持つドライバーは多い

２月から３月にかけて見頃を迎える河津桜。濃いピンク色が美しい。

だろう。その渋滞解消のために伊豆縦貫自動車道が計画されていて、従来は約１１０分かかる沼津―下田間が、開通後は約60分になるという。現在は沼津岡宮ＩＣから函南塚本ＩＣまでの約16・８キロが部分開通しているのみ。全線開通はまだまだ先だが、いまは無料で通行できるし、少しは早く行き来することができるようになった。

目的地である道の駅は伊豆半島の南端にある。伊豆半島にはほかにも、「開国下田みなと」（Ｐ２４０）や「伊東マリンタウン」（Ｐ２６４）など魅力的な道の駅があるから、それらも途中で寄りながら伊豆の先端を目指すといいだろう。

私が初めて訪れたのは３月上旬だったと記憶している。平日の10時前に到着したにもかかわらず、駐車場は満車だった。そこで周辺の駐車場へ向かったが、そちらも満車。仕方なくもう一度道の駅へ戻ったら、タイミングよく駐車できた。9時前には満車になっていたらしい。

しかし道の駅でありながら、駐車料金を徴収された。もちろん他の道の駅で駐車料を取られたことはない。不思議に思い、料金を徴収しているスタッフに話を聞くと、環境保護のための観光保全料ということで乗用車500円、バス2500円（マイクロバス含む）が必要だという。駐車場が有料なのは2月上旬から3月上旬の「みなとの桜と菜の花まつり」の開催中のみ。花見代と思えば安いか……。

駐車場からも河津桜がちらちら見えて、そわそわする。車を降りて花が咲いている土手に向かって歩くと、川沿いに広がる河津桜がすぐ目の前に広がっている。ソメイヨシ

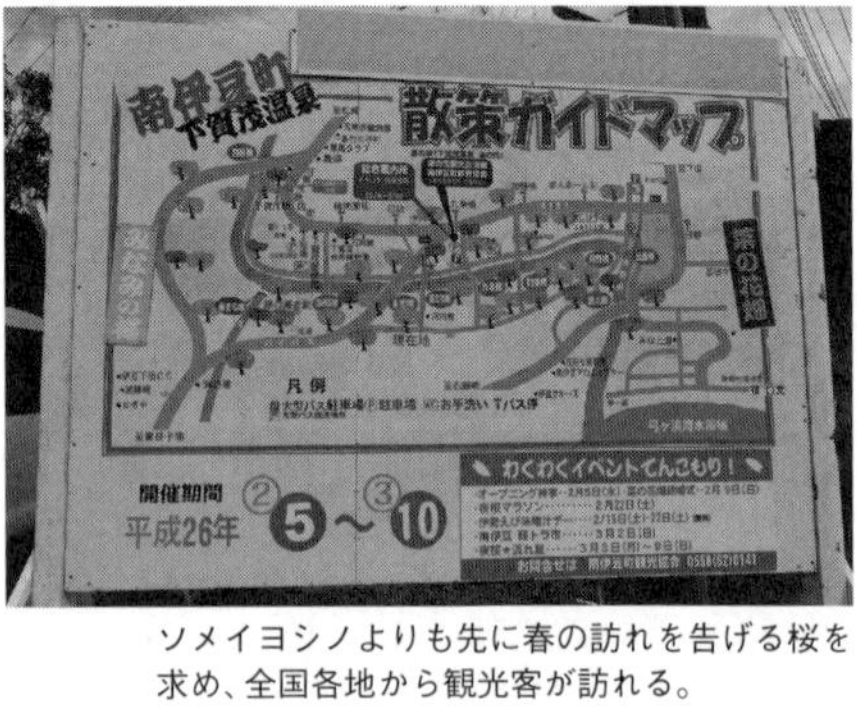

ソメイヨシノよりも先に春の訪れを告げる桜を求め、全国各地から観光客が訪れる。

ノよりも濃いピンク色の花で華やかだ。目の前に流れているのは青野川。その両岸に河津桜が咲いている。弓ヶ浜大橋から前原橋までの川沿い約4キロにわたって咲き誇る800本もの河津桜の並木は圧巻。

左へ行くと弓ヶ浜大橋、右へ行くと前原橋。道の駅はその橋と橋の中間に位置し、どちら側へも行きやすい。ちなみに弓ヶ浜大橋方面へ歩くと、橋のすぐ目の前に「日本の渚百選」にも選ばれている弓ヶ浜海水浴場がある。天気が良ければ海を見ながらのんびりするのもいいだろう。

川沿いの道はまつりの期間中は9時から16時まで車両通行止め。ゆっくりと散歩しながら見物ができる。土手を降りると、下から河津桜を見上げる格好になりこれもまた絵になる。斜面には菜の花が咲いていて黄色とピンク色のコントラストが美しい。雑誌の写真やテレビで見る桜もきれいだが、やはり生の魅力には勝てるはずもなし。毎年は無理だろうが、数年おきには訪れたいと思わせる力がある。

「みなとの桜と菜の花まつり」と同時期には、河津市の河津川沿いで「河津桜まつり」も開催される。こちらは150~200万人もの見物客が訪れるようで、大混雑することで知られている。出店も人出も多くてお祭り感はたっぷりであるが、桜をゆっくりと見たいならば断然「下賀茂温泉 湯の花」の桜がおすすめだ。

さて、桜の季節はもちろんだが、直売所の充実もおすすめ。地元農家など600名以上が会員となり、野菜を出荷する販売所になっていて、値段も安い。特に地元の野菜類、かんきつ類が多い。

かんきつ類は「はるみ」「不知火」「清見」「せとか」など品種がたくさんある。試食ができるから自分好みの味が選べる。たっぷりと日光を浴びているからだろう。どれもこれジューシーで味が濃い。食べくらべると違いがわかって面白く、次々と試食してしまう。

かんきつ類の袋には出荷した生産者の名前が書いてあるので、好みの味を見つけたら、覚えておいてまた指名買いするといい。名産品の自然薯もぜひ買ってみてほしい。

河津桜を愛でながら食べたサンマの棒寿司。
肉厚なサンマが口の中でほどけるうまさ。

魚の干物、冷凍肉もあり、私のように車中泊で旅をする人にとっては便利だ。そこでぜひ利用してほしいのが、直売場の専用スマホアプリだ。イベント情報、水揚げされた魚の入荷情報、雨の日にお得になるアプリ限定のクーポンなどサービス満点。ソフトクリーム１００円引きといったクーポンもあったりするので、ダウンロードしてから出かけたい。

祭りの期間中だったせいか、建物の裏手にも露店があり、そこでも食材やお土産を購入できた。私はサンマの棒寿司を購入。地元で獲れたサンマなのだろうか。くさみもなく美味この上なし。のんびりと桜を眺めながら頬張り、満腹になったところで道の駅を後にした。

43 下賀茂温泉 湯の花

住所 静岡県賀茂郡南伊豆町下賀茂157-1
電話 0558-62-0141
駐車台数 普通車用51台
大型車用３台
障害者用２台

主な施設
- 湯の花直売所（営9時〜16時　休12月31日〜１月３日）
- 足湯（営10時〜17時　休無休　料無料）

44

「酷道」を抜けると、そこは音のミュージアム♪

奥《おく》大《おお》井《い》音《おと》戯《ぎ》の郷《さと》

静岡県
川根本町

体験

日本一周の旅を始めた直後の思い出を書きたい。その頃は、まだトラックベースのキャンピングカーに十分乗り慣れていなかった。

向かう先は、道の駅「奥大井 音戯の郷」だった。「箱根八里は馬でも越すが、越すに越されぬ大井川」と言われた東海道の難所、大井川。その源流をさかのぼると、南アルプスへと連なる急峻《きゅうしゅん》な山林に向かう。奥大井はそんな場所にある。

東名高速道路を清水ＩＣで下りて、国道1号を西へ。静岡市街地の外れで国道３６２号を右折して北に向かうルートを通った。

ここであらかじめ言っておく。このルートで「音戯の郷」へ行ってはいけない。いや、行ってもいいが、少なくともおすすめはしない。

聴診器をあてると、奥大井に生息する野鳥の鳴き声が聞こえる。

新東名高速道路の島田金谷ICから国道362号で大井川沿いに登っていくほうが格段に走りやすいからだ。

それを知らなかった当時の私は、国道なんだからと完全に油断。しかし、山道を登っていくにつれて、道はどんどん険しくなっていく。道幅は車1台分しかないところが増えてきてますます不安に。

幸い、大きなトラックが前を行っていたので、その車から遅れないようについて行くと、トラックの運転手は、どこに待避所があるかわかっていて、すれ違いもスムーズだった。そのおかげでなんとか走れていたが、途中から先導がいなくなり、先の見えない細いつづら折りばかりの道を、極度の緊張状態のまま走ることに……。

その後、間の悪いことに、大型バスとすれ違うことになり、ついに待避所までバックしなければならないことになった……のは今となっては笑い話。とはいえ、今でも思い出すと冷や汗をかいてしまう。

しかしその洗礼を受けたおかげか、その後の2年以上の全国ツアーで運転に不安を感じることはなかった。よく四国の道が狭くて走りにくいと言われるが、いやいや、私にとってはこの静岡山中の出来事のインパクトが大き過ぎて、四国なんてかわいいものだと思えた。

もうひとつ、この冷や汗体験のおかげで、到着したときはほっとした。

道の駅の隣には千頭駅がある。大井川鉄道の蒸気機関車の発着の駅だ。252ページで紹介した道の駅「川根温泉」で湯船に漬かりながら見た蒸気機関車の始発駅である。

普段、なかなか聞くことのない水の中の音を楽しめる「水のハーモニー」。

線路が何本もあって、列車も数多く停車している。千頭駅には蒸気機関車を方向転換させるためのターンテーブルがあった。人力で回すもので、現在もほぼ毎日活躍する現役だ。転車台は、駐車場に車を停めて、奥へと歩くと左側に見えてくる。

展示棟そのものが「オルゴールの箱」となっていて、写真のオルゴールの音が反映される。

正直、道の駅としての機能はごく普通、いやどちらかと言えば平均に満たないかもしれないが、併設されたミュージアムは、想像以上に楽しかった印象である。長々と書いて、言いたかったのはそれ。ここが好きだということ。

道の駅は「音戯の郷」という音を体験するミュージアムがメインの施設だ。ミュージアムの入口手前に、建物があって売店があり、地元の加工品などを売っていたが、道の駅らしいのはそれだけである。

ミュージアムに入場すると聴診器を渡された。音を聞きながら巡る博物館で、さまざまな仕掛けにこ

駐車場横にはトロッコ列車があり、休憩所として利用されている。はなももが満開だった。

の聴診器を当てると、思わぬ音が聞こえてくる。標準見学時間は1時間ということだが、私はいつしか夢中になってやっていて2時間近くたっていた。水の中に聴診器を当てて音を聞いたり、ワイヤーを伝わる音楽を聴いてみたり、音の仕組みや、不思議さを楽しませてくれるトリックの数々が飽きさせないのだ。運転の疲れも癒され、満足すると思う。

周辺には有名な観光地、寸又峡がある。千頭駅前に川本本町の観光協会があったので、寸又峡について話を聞いてみると「いつもはエメラルドグリーンなんですけどねぇ」という返事。どうやら何年かごとに工事のためにダムの水を抜くようで、まだ水が完全に溜まっておらず色が悪かったのだ。ちょうどそのタイミングに当たってしまったのだった。それに、聞けばやはり道が狭いというので、慣れないキャンピングカーで疲労困憊だった私は断念した。

帰りもまた静岡市へ向かう国道362号で戻った。行きよりは覚悟をしていた分、不安は少なくなったが、だからといって道が太くなるわけでもない。細い道を抜けて静岡の市街地へ出たときには心底ホッとした。

ちなみに、家に帰ってから国道362号について調べると、「酷道」という表現があった。ひどいほど走りにくい国道を「酷道」と呼ぶのだと。中にはそんな道ばかりを選んで走る、物好きな「酷道マニア」もいるらしい。

大井川鉄道のウェブサイトをチェックすると、千頭駅から静岡方面に抜ける道は地元の人が使う道で、通行止めも多く、おすすめしないとあった。調査が大事、これも教訓になった。

44 奥大井音戯の郷

住所 静岡県榛原郡川根本町千頭1217-2
電話 0547-58-2021
駐車台数 普通車用85台
大型車用３台
障害者用３台

主な施設
■ 谺の会特産品直売所（営10時〜16時30分）
■ 音戯の郷、音の体感ミュージアム
（営10時〜16時30分［入館16時まで］ 休火曜［臨時休館あり］ 料大人500円）

Column

道の駅はしごのススメ。遠くから行くのが鉄則です

スタンプラリーを始めてから、いかに効率よく道の駅を回るかを考えるようになった。道の駅巡りに、効率というゲーム性がプラスされたようだ。たとえば温泉に浸かって、ご飯を食べて、最後は旬の野菜を買って帰るという、それぞれ違った道の駅3カ所をはしごする旅を計画したとしよう。

そうしたら、まずは地図上でその3カ所の位置を確認して、近いところどうしを蛍光ペンでつないでほしい。これは数が増えても工程は変わらない。地図に色を付けるのが気になる人はこすると消せる蛍光ペンを使うといいだろう。道の駅どうしを線で結んで、さらに出発地点と近い道の駅とを結ぶ。理想は一筆書きだが、目的地が山の中の一本道だったりすると行って帰ってという効率の悪い移動になることもある。

目的地3カ所が出発地点から同じような位置にあるのならば、どこから行っても大して差はないのだが、もしも距離が違う3カ所ならば、一番遠くから行くのが鉄則だ。

出発地点からの距離をA∨B∨Cとした際、C、B、Aの順番で回った場合のことを考えてみてほしい。もしも途中で帰らなければならなくなったときにAを残すと、時間と距離の大幅なロスが生じるのが理解してもらえるだろう。A、Bと回って、もしCを残したとしてもCは一番近いので、無駄は極力省けるし、また別のD、Eというルートに混ぜやすくなる。

数年前に120カ所以上ある北海道の道の駅を回ったときも、私は同じように考えて、フェリー発着所に近いところは後回しにした。

その当時の地図とメモを見返してみると、茨城県の大洗港から車をフェリーに載せて、北海道の苫小牧港へ。その後時計回りに道の駅を巡り、最終的に苫小牧港の近くの道の駅を回るようにしてプランをしていた。われながらナイスプランニングだと思う。

北海道のように広いエリアはもちろんだが、範囲が狭いところでも、そうやってプランを立てるクセを付けておくと無駄なく回ることができ、その分、道の駅の施設を楽しむために多くの時間を費やすことができる。ちなみに、このプランを練ってあれこれ考えている時間もまた、想像がふくらみ、なんとも楽しいものなのだ。

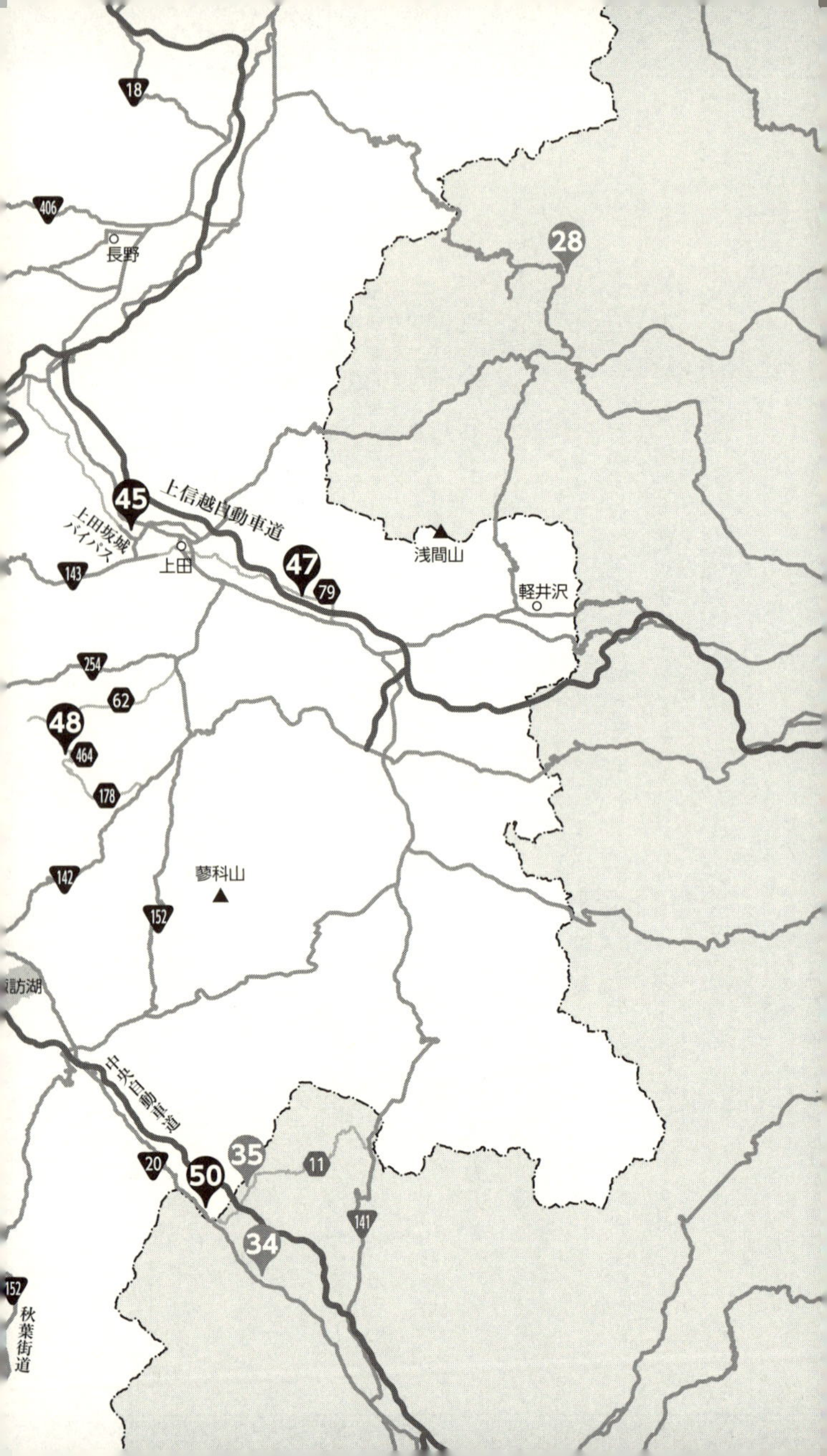

18
406
長野
45
上信越自動車道
上田坂城バイパス
上田
143
47
79
浅間山
軽井沢
28
254
62
48
464
178
142
152
蓼科山
諏訪湖
中央自動車道
20
50
35
11
141
34
152
秋葉街道

第7章

山々に囲まれた広大な自然が魅力

長野エリア

45

県の天然記念物・奇岩「岩鼻」の迫力

上田《うえだ》 道《みち》と川《かわ》の駅《えき》 おとぎの里《さと》

長野県
上田市

上田市は長野県東部に位置し、中央を日本一長い川、千曲川が流れている。ちなみに千曲川というのは長野県での呼称で、新潟県域に入ると信濃川と名前を変える。周囲にはスキーで有名な菅平高原や美ヶ原高原などがあり、２０００メートル級の山々に囲まれている。戦国時代に活躍した真田氏が居城を構えたことでも有名だ。

道の駅「上田 道と川の駅」は上信越自動車道・坂城ＩＣから県道91号線を経由して国道18号で約７キロ。上田菅平ＩＣからだと、国道１４４号を経由して国道18号へ進み約９キロのところにある。あるのだが、そこに着く前に謎の光景が目に入ってしまい「?」と、疑問符が頭に浮かんだ。まるで陸地を刃物で上からスパッと切り落としたように断崖絶壁になっているのだ。

この断崖の上には公園があり、千曲川の雄大な流れと市街地が一望できる。

とりあえず、道の駅に車を停めて、施設などは後回しにして断崖のほうへ歩いてみると、芝生公園の先にその切り立った崖がよく見える。高さ100メートルはあろうかという大岸壁。一息ついて再び下から眺めてみると、その大きさに驚かされる。

崖の下側には、巨大なくぼみがあって、そのくぼみは、あたかも鼻の穴のよう。まるで巨人が地面から鼻だけを出しているようにも見えるため、岩鼻（半過岩鼻）と呼ばれている。

さらに隣接する半過公園に向かって歩いていくと、岩鼻がさらにどんどんと迫ってくる。そして鼻の穴の大きさにあらためて驚く。表面をよく見ると、すべすべした岩山ではなくて、表面が柱状のゴツゴツした形をしている。柱状節理というらしい。

もとはこの丘の上を千曲川が流れていた。それが少しずつ川底を侵食し、どんどん削って岸壁を作ったのだという。「鼻の穴」もやはり川の浸食によって開いたのだそうだ。

川の対岸は坂城町というのだが、そちら側はややなだらかな絶壁になっていて、こちらも岩鼻（塩尻岩鼻）と呼ばれる。ただしこちらには「鼻の穴」は見えない。

この岩鼻について、地元にはこんなおとぎ話が伝わっている。

「遠い昔、上田盆地は一面の湖だったが、その湖の西に巨大なネズミがはびこり、田畑を荒らすようになった。それを唐猫（船来の猫）に追わせた。すると、逃げ場を失ったネズミが岩山を食い破り、湖の水は流れ出して千曲川となり、一帯は陸地になったとさ」

秋穫祭では大釜で調理された里芋煮やとん汁のほか、ピザや豚バラ燻製も売られている。

ちなみにそのネズミだが、塩尻岩鼻に近い国道18号の坂城町では「ねずみ」という交差点があり、さらに付近には鼠橋、鼠宿のあとも残っている。ちょうどおとぎ話の中でネズミが岩山を食い破ったあたりなのかもしれない。そんな想像をするのも面白い。

この道の駅には、「おとぎの里」というニックネームがある。先ほど紹介した逸話以外にも、さまざまな昔話が残されていることから名付けられた。

道の駅は川沿いということもあってかなりスペースが広い。天気のいい日はここでのんびりと過ごすと気持ちが良さそうだ。芝生広場やウォーキングコースを散歩するのも面白い。

建物のある道の駅ゾーンと、千曲川の親水空間である川の駅ゾーンが一体となっているのが特徴。本書でも取り上げた、千葉県の道の駅「水の郷さわら」（P36）と同じコンセプトだ。

千曲川、浦野川の自然環境を活かした「川の駅」と「道の駅」が一体となった全国初の施設だ。

旬の野菜や果物が勢ぞろい。試しに買った信州りんごは酸味と甘味のバランスが素晴らしかった。

話はそれるが、旅をしていて道の駅や川の駅以外にも「〜の駅」をいくつか見つけた。「海の駅」もあったし、「肉の駅」というのも見つけた。そして静岡県伊東市では「愛犬の駅」を見かけた。このムーブメントはまだ拡大しそうだ。

写真にあるが、岩鼻の手前には無料で使えるドッグランがあるので、愛犬と一緒に遊びに来てもいい。右側が小型犬用、左側が中型・大型犬用と分かれている。

建物内には交流センターがあって、農産物の販売や観光案内をしている。ここに道の駅のスタンプが置いてあるが「日本百景奇岩　岩鼻」と「千曲川」がデザインされていた。

食事処「岩鼻」では定番のカレーやラーメンが食べられるほか、メニューには馬肉うどんがある。信州名物の甘く煮た柔らかな馬肉を具材としたコシのあるうどん。これは嬉しい。また、物販コーナーでは長野県らしくおやきや味噌を販売している。秋穫祭で供されるのは、大釜でダイナミックに調理されたとん汁や里芋煮。大量に作られた料理は不思議とうまいが、なぜだろう。

観光なら、ここから約5キロの上田城跡公園に行きたい。1583年に真田昌幸が築いた平城は、日本百名城にも数えられる。築城から400年以上がたつが、現在も多くの城ファンが訪れる人気の城だ。

また、温泉も多いのも素晴らしい。信州最古の「別所温泉」、国民保養温泉地に選ばれている「鹿教湯温泉」では日帰り入浴が楽しめるので、温泉巡りにはもってこいだ。

45 上田 道と川の駅 おとぎの里

住所 長野県上田市小泉字塩田川原2575-2
電話 0268-75-0587
駐車台数 普通車用66台
大型車用25台
障害者用２台

主な施設
- 物販所（営9時～18時）
- おとぎの里 食堂（営10時～18時）

46

ぽかぽかランド美麻《みあさ》

ホテルが道の駅。黒部ダムや長野五輪のレガシーへ

長野県
大町市

温泉

東京からの移動では、今回紹介する中で最も遠い道の駅だ。しかも高速を下りてからの移動も長い。長野自動車道からだと安曇野ＩＣを下りてから約50分。上信越自動車道からだと長野ＩＣを下りてから約50分。道の駅は県道31号線沿いにある。

道の駅は、宿泊施設を併設している。というよりも、宿泊施設に道の駅が付いていると言っていいほど、宿泊施設のイメージが強い。道の駅だと思って建物内に入ると、ホテルのフロントで一瞬とまどうほどだ。２０１６年夏に改装オープンしたので、内装もピカピカだ。

アルカリ性の単純泉をホテル内に引いていて、寝湯やマッサージ風呂でリラックス。ほかにサウナ、水風呂もある。周辺にはスキー場が点在しているので、スキー帰りの日帰

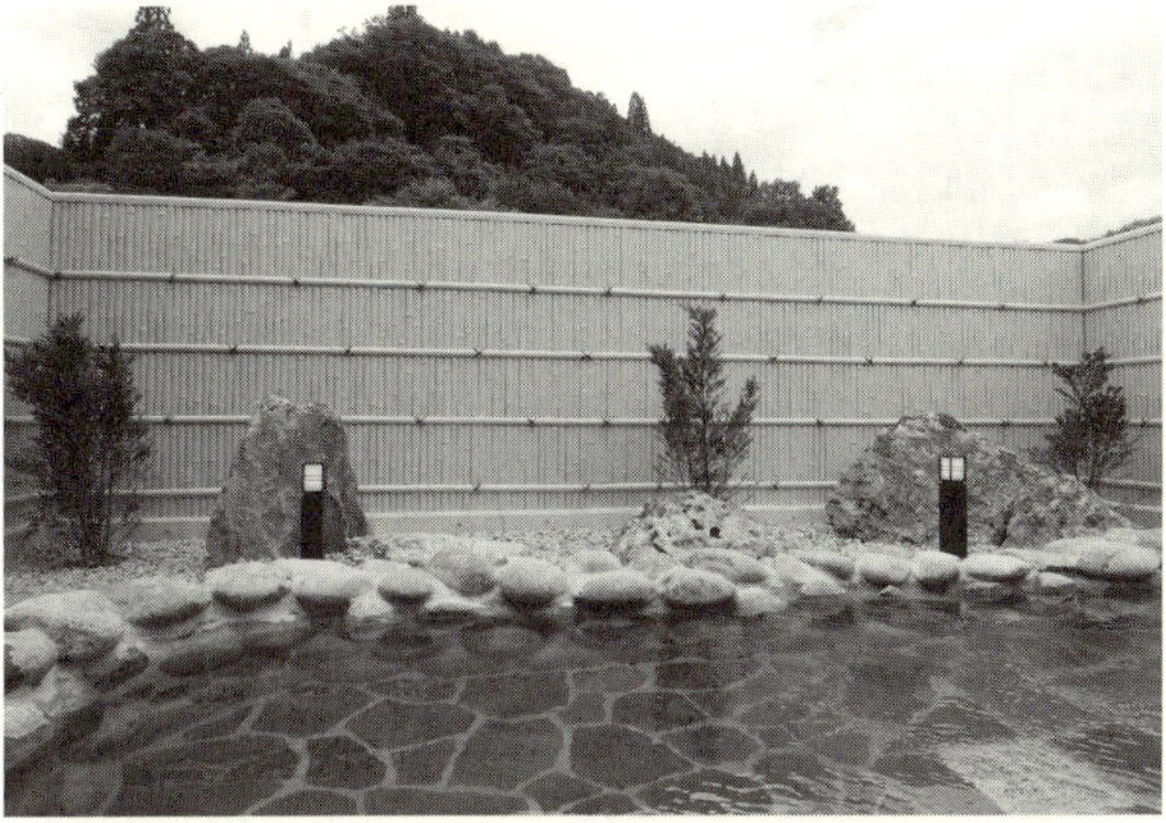

昼間は解放感を楽しみ、夜は満天の星を仰ぎ見ることができる露天風呂。

り湯として利用されることも多い。開放感のある露天風呂からは、天気がよい夜ともなれば、満天の星を見ながら入浴できる。

レストランでは地元の食材を使った料理を提供。自慢の信州そばは料理長が自ら手打ちしたもので、香りのいい地粉の「信濃1号」を使っている。メニューは地産地消を意識していて、素材には信州牛、信州ならではの川魚・イワナ、信州サーモンなどを使った料理が楽しめる。

有名な黒部ダムへの観光にも便利だ。立山黒部アルペンルートは長野県大野市の「扇沢駅」から富山県立山町「立山駅」までの37・2キロでマイカーの乗り入れができず、ケーブルカーやロープウェー、トロリーバスなど6つの乗り物を乗り継いで行く必要

体にやさしい成分の単純泉は刺激が少なく高齢者向きだとか。じんわり体を温めるにはうってつけ。

がある。黒部ダムが見たいならば扇沢駅に車を置いて、トロリーバスに乗って行けば16分で到着。ちなみに黒部ダム・立山黒部アルペンルートは例年4月中旬に開通し、11月中旬に閉鎖される。道の駅から扇沢駅までは約27キロだ。

以前、立山駅で車を預け、こちらがロープウェーなどで移動している間に、扇沢駅まで車を陸送してくれる「マイカー回送サービス」を利用したことがある。あれは便利だった。回送料金は車の大きさや、扱い会社によって異なるが、定員7名までの乗用車で金額はおよそ3万円。友人数人での旅であれば、利用する手もあるだろう。インターネット割引でさらに安くなる。

ちなみに道の駅のレストランの一押しは「黒部ダムカレー」。大盛りはかなりの量があるので、大食い自慢の人はチャレンジしてみよう。ダムカレーは大町市のご当地グルメになっているので、道の駅以外のレストランで食べくらべるのも楽しい。

　長野冬季オリンピックで使われた白馬のジャンプ競技場までが車で15分。ノーマルヒルとラージヒルの２本が平行してあって、その間にあるリフトに乗車し地上からの高さ約１４０メートルのスタート地点まで登れる。ジャンプ競技の選手と同じ視点からジャンプ台を見るのは得難い経験だ。

　やはり15分ほどの白馬八方尾根も五輪会場になった。冬ともなれば、極上のパウダースノースキーが楽しめる。標高１８３０メートルの山頂から望む妙高山、浅間山、八ヶ岳連峰などの大パノラマも最高だ。

46 ぽかぽかランド美麻

住所 長野県大町市美麻16784

電話 0261-29-2030

駐車台数 普通車用81台
大型車用８台
障害者用４台

主な施設

- 館内レストラン麻の里
（営昼11時30分～14時30分、夜17時～19時30分　休無休）
- ぽかぽかランド美麻の湯
（営６時～8時、10時～21時［最終受付20時30分］　休同上　料大人600円）

47

伝説の力士・雷電の歴史をめぐる

雷《らい》電《でん》くるみの里《さと》

長野県
東御市

グルメ

自宅から両国にある国技館まで歩いていける距離なので、ときどき大相撲を観に行くことがある。思い立ったら突然に行くので、前もってチケットを予約したりはしない。並んで当日券を購入するのである。ただし、発売は7時45分。チケット発売よりも先に整理券が配られるので、朝早いのがちょっとつらい。土日や千秋楽などは人気なので、もっと早く並ばないと取れないことも。

手にするチケットは2階イス席の一番後ろ、14列目の席になるが、相撲の雰囲気は十分に味わえる。朝8時30分頃から序の口の取り組みが始まって、18時の弓取り式までたっぷり楽しめる。そんなふうにときどき観に行く程度の相撲ファンではあるのだが、「雷電為右衛門」の名前は聞いたことがあった。

九割六分二厘という凄まじい勝率を挙げた雷電為右衛門の銅像。

両国国技館には相撲博物館があるので、そこで資料を見たのかもしれない。何しろとんでもなく強かったという伝説の力士である。

江戸時代に活躍した力士で、生涯成績は２５４勝10敗２分。27場所中に25回優勝したという。身長１９７センチ、体重１８９キロ。現代の相撲取りとくらべても見劣りしない体格である。江戸時代であれば、かなりの大男だっただろう。

その伝説の力士の名前が付いた道の駅が、雷電が生まれた長野県東御《とうみ》市にある。

道の駅は、東京方面からだと上信越自動車道・小諸ＩＣから県道79号線で約４キロ、７分。長野方面からだと上信越自動車道・東部湯の丸ＩＣから県道４号線を経て、県道79号線で約３キロ、10分。

この県道79号線には、浅間サンラインという愛称が付いている。浅間山に沿うようにして走る、見通しと眺望のいい道だ。運転も気持ちいい。

浅間サンラインを走っていると「雷電くるみの里」と大きく書かれた看板のかかったやぐらが目に入る。やはり国技館のようなイメージにするために、考えたアイディアだろう。駐車場は100台を超えるスペースがあるので広い。

建物から少し離れたところに車を停めると、目の前に土俵が現れた。さすが雷電の里である。毎年5月に東御市で「雷電まつり」が行われ、そのときに開催されるちびっ子相撲で使われるそうだ。

道の駅の敷地内に土俵があるのは全国でも珍しいが、実はここだけではない。宮城県登米町の道の駅米山にも土俵はあった。第三代横綱「丸山権《ごん》太《た》左《ざ》衛《え》門《もん》」の出身地。その

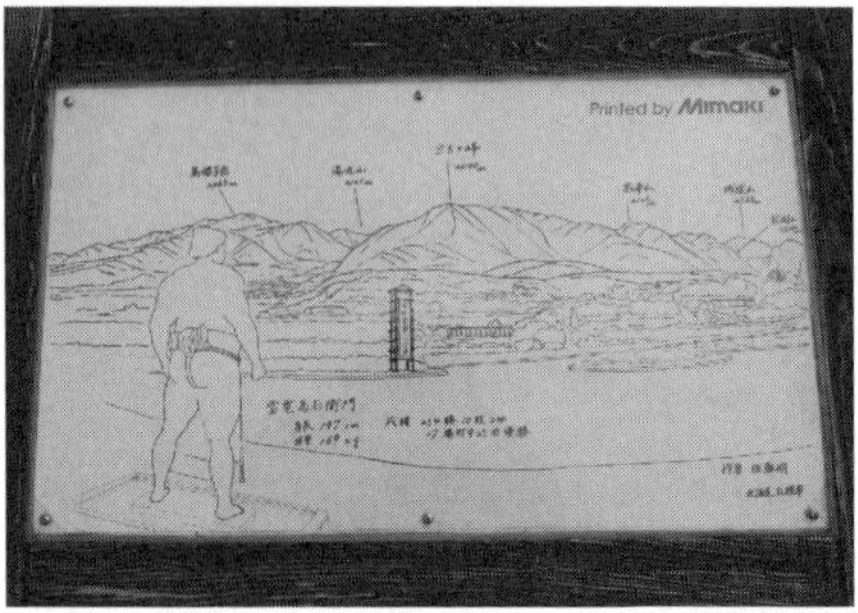

道の駅から望む烏帽子岳、湯ノ丸山、三方ヶ峰、高峰山、浅間山の位置関係を記したボード。

道の駅にも、土俵があり銅像が立っていた。丸山権太左衛門という名前もまた雷電為右衛門に負けず劣らず強そうな名前である。

道の駅の敷地内にある土俵「雷電場所」。
子供相撲のイベントなどで使用される。

建物の前には雷電為右衛門の銅像があって記念写真を撮るのにおすすめのスポットだ。銅像の裏手にあるのが入場無料の雷電展示館。ミニ資料館内には、化粧まわしのレプリカや番付表などを展示しているほか、雷電為右衛門の生涯についてが解説された映像が流れている。

また道の駅の敷地内には力石《ちからいし》が置いてある。力石とは力試しに使われる大きな石で、道の駅にあるのは約135キロ。雷電が生まれ育った大石地区に残されていたものを道の駅の開設にともない設置した。もしかしたら当人もこの石を持ち上げて力自慢をしていたのかもしれない。

雷電為右衛門に興味を持ったなら、生家に行けばさらに詳しく知ることができる。道の駅から徒歩10分（東御市滋野乙1981－2）のところに雷電の生家があり、文化財として公開されている。

2017年に生誕250年を迎えたということで、来訪者が増えているという。手形入りの扇子や、雷電が現役中から書き記していた旅日記ともいえる「諸国相撲扣帳」も残されている。雷電が少年の頃の話だが、母が外で風呂に入っていると夕立があって、少年だった雷電は母を風呂桶ごと家の土間に運び込んだ、という逸話も残っている。

「信濃くるみ」の名産地としても知られている。くるみを使ったお菓子、地ビール、くるみ味噌なども販売。

さて、道の駅には農産物直売コーナーがあって地元の野菜や旬の果物が並ぶ。ここにはもうひとつの目玉であるクルミがある。道の駅の名前に雷電とともに入っているのだから当然だ。

日本には昔から、鬼ぐるみ、姫ぐるみが自生していた。東御市のクルミは、明治時代に軽井沢に来た外国人によって持ち込まれたといわれているもので、欧米の大型種と日本の在来種との交配によってできたもの。

東御市の気候は、温暖で日照時間が長く、雨が少ない。クルミが生育するのに必要な気象条件とぴったり合致していた。だからこそ特産品になったのだ。

直売コーナーで扱っているクルミ加工品は、くるみゆべし、くるみ餅、くるみそばつゆ、地くるみドレッシング、みそくるみなどいろいろ。これほどの品揃えも珍しい。

雷電資料館の横や駐車場の奥にはクルミの木が植えられていて、秋ともなればクルミが実を付けているのを見ることができる。

47 雷電くるみの里

住所 長野県東御市滋野乙4524-1
電話 0268-63-0963
駐車台数 普通車用100台
大型車用20台
障害者用2台

主な施設
- 物産コーナー（営8時～19時 休無休）
- 雷ちゃんカフェ（営10時～16時 休不定休）

48

美《うつくし》ヶ《が》原《はら》高《こう》原《げん》

日本一標高が高い道の駅からの眺望は抜群！

長野県
上田市

絶景

長野県の八ヶ岳中信国定公園内にある道の駅「美ヶ原高原」。ここは数年前の4月に1度訪れたのだが、そのときは山頂へ向かうビーナスラインが閉鎖中だった。冬期は閉鎖されるということはもちろん確認していたのに、4月になれば大丈夫だろうと勝手に思い込んでいたのだ（実際は11月下旬から4月下旬まで閉鎖）。「4月はもう春では」と思ったところでしかたがないのだ。

結局、5月末になってから改めて訪問した。ビーナスラインは茅野市街から美ヶ原高原美術館までの全長76キロの観光道路で、日本でも有数のドライブコースだ。途中には有名な観光地がいろいろある。蓼《たて》科《しな》高原には蓼科湖があって、近くの山々がその湖面に映し出される。北八ヶ岳ロープウエーは標高1800メートルの山麓駅から約2400

日本一標高が高い道の駅は空気も薄め。建物の奥には無限の空が広がる。

メートルの山頂まで登ることができ、北アルプス、中央アルプスが見渡せる。

白樺湖は標高1500メートルの位置にあり、周囲約4キロの、八ヶ岳山麓にある人工湖である。春から夏には美しい花々が楽しめ、湖上でボート遊びが楽しめる。

車山高原はビーナスラインの中でも特に美しい。展望が開けていて、高山植物にも恵まれている。6月にはレンゲツツジの群落、7月にはニッコウキスゲの花が草原をおおい、9月になるとススキの穂で白一色になる。

道の駅に到着するまでにも見どころがたくさん。ビーナスラインの平均標高は1400メートル。高原のドライブコースなので、走っているだけでもな

2019年シーズンは4月25日オープン。営業期間を確認してから向かっていただきたい。

んだか癒される。ただし急な峠道を行くので、トラックベースのキャンピングカーではパワー不足がいなめなかった。路面の状況があまり良くないところもあった。

標高が上がるにつれて、どんどん視界が開けてくる。途中からは登山客をぽつぽつと見かけるようになった。道の駅があるのはビーナスラインの終点で、標高２０００メートル。日本一高い場所にある道の駅で、屋内外に彫刻と美術品のある美ヶ原高原美術館が隣接している。

駐車場台数は８００台を超える。とにかく広い。バイクが次々にやってきて駐車していく。ツーリングにも気持ちいいコースなのだろう。

車を停めて車外に出ると5月下旬だというのに肌寒いくらいだった。

車から降りてくる人を見ると、山登りの格好をしている人が多い。すぐそばに「美ヶ原ハイキング道入口」の看板があり、そちらへ向かって歩いて行く。看板を見ると片道10分の牛伏山までのコースや、王ヶ鼻まで片道90分のコースがあった。

道の駅の建物は2階建て。展望テラスに向かったが、せっかく2度目のチャレンジだったというのに、残念ながら霧がかかっていて思っていたような眺望は見られなかった。

晴れていれば、北・中央・南アルプス、秩父、八ヶ岳、立山連峰、そして富士山など360度のパノラマが見られる。

1階には信州の特産品を販売する広いショッピングスペースがあり、2階には山々を望む展望レストランでの食事が楽しめる。

48 美ヶ原高原

住所 長野県上田市武石上本入2085-70
電話 0268-86-2331
駐車台数 普通車用800台
大型車用15台
障害者用4台

主な施設
- ショッピングモール（営9時～17時　休11月11日～4月24日）
- 和食処 麻の葉（営10時～16時［LO15時30分］　休同上）

49

風《ふう》穴《けつ》の里《さと》

天然の冷蔵庫「風穴」で、ひんやり体験

長野県
松本市

体験

道の駅に名前が付いている通り、ここには風穴がある。道の駅から太鼓橋を渡って7~8分歩くと見学用の風穴に到着。山の斜面に小屋を押しつけたような作りで、斜面からの冷気を小屋の中に取り込んでいるのだ。

中に入ると石の壁が積まれていて、そのすき間から冷気が出てくるのがわかる。確かに、周りよりも温度が低くひんやりとしている。

ここでは、道の駅で販売しているオリジナル商品「風穴熟成みそ」を保存。ほかにも松本市内の酒蔵所の貯蔵庫としても利用されている。

昔は、風穴小屋を蚕卵の保存などにも利用していた。蚕の卵を風穴で冷蔵して孵化の時期を遅らせて、コントロールすることで、桑の葉が多い時期や農閑期に合わせた。そ

風穴の入り口。日本酒の貯蔵をしているからか、杉玉も吊るされていた。

れによって、蚕糸の品質が良くなり、1年を通して生糸が採れるようになったという。

そんなわけで、全国から蚕の卵の注文が殺到したらしい。過去にはそんな使われ方もしていた風穴である。道の駅の風穴は無料で見学できるが、11月中旬から4月中旬までお休みしている。

長野県の名物といえば野沢菜が有名だ。お土産の定番であるし、おやきの中にも入っている。

でも、ここ風穴の里のおすすめは「稲刻菜《いねこきな》」を使った漬物である。稲核菜は地元ならでは野菜だが、栽培量が少ないため珍しく、信州の伝統野菜に認定されている。

今から300年以上前に野麦峠を越えて伝わった飛騨の赤カブが原種とされていて、長い年月をかけ

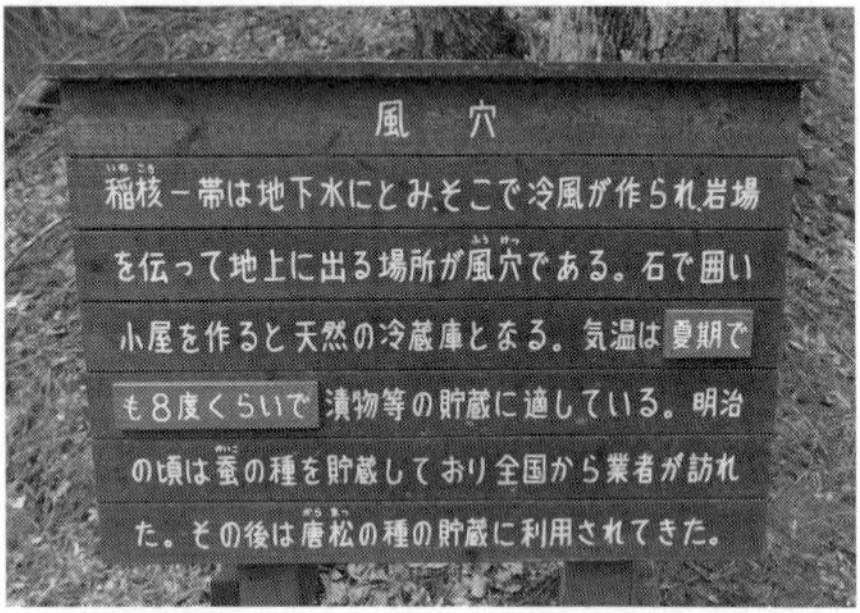

天然の冷蔵庫「風穴」は真夏でも中はひんやり。夏場に涼感を楽しむのもいいだろう。

て稲核地区の特産野菜になった。野沢菜に似ているが、カブが大きめで繊維が強い。

葉とカブの部分を漬物にするのだが、そのときにこの地区にある「風穴」に保存することで、独特の味わいを作り出すことができるのだとか。

稲核地区一帯には昔から山の斜面から冷たい空気が出てくる場所がある。なんでも地下水が特に多いところで、そこで冷風が作られて、岩場の間をぬって地上に出てくる。それが風穴なのだ。江戸時代にはその冷気を利用して食品が保存された。

吹き出し口を石で囲って小屋にすれば天然の冷蔵庫となり、夏でも8℃くらいに保たれていて、貯蔵に適しているというわけだ。日本酒もじっくりと低温の冷蔵庫で貯蔵することで熟成されて、繊細な味に仕上がるという。

また風穴の近くでは機織り体験が可能。安曇地区に伝わる「深山織り」の体験ができる「みどの工房」が隣接している。

イタドリやクルミの葉などで綿糸を染めたものと、古布を織り合わせ縞模様や格子模様に織った、自然のぬくもりが感じられるものだ。

都心からだと車で3時間を越えてしまうのでギリギリ半日旅といったところか。ただ、東京の西部や北部からはアクセスしやすい。

長野自動車道・松本ＩＣを下りて、国道１５８号を西に走る。国道１５８号は野麦街道とも呼ばれているところで、長野県松本市と岐阜県高山市を結んでいる。各スキー場や温泉地へ向かう途中の休憩所としても便利。施設は食堂、休憩コーナー、売店とこぢんまりしたもの。積雪期は、木曜が定休日となるので注意しよう。

49 風穴の里

住所 長野県松本市安曇3528-1
電話 0263-94-2200
駐車台数 普通車用45台
大型車用８台
障害者用２台

主な施設
- 風穴の里（営９時～17時　休11～４月）
- 風穴の里食堂（営９時30分～16時　休11～４月）

50

源泉かけ流しの湯と手打ちソバで信州を満喫

信《しん》州《しゅう》蔦《つた》木《き》宿《じゅく》

長野県
富士見町

温泉

江戸時代の五街道のひとつ甲州街道。日本橋を起点に、八王子、甲府を経て下諏訪まで続き、中山道に合流する。現在の国道20号とほぼ同じ道筋だ。長野県の北側にある道の駅「信州蔦木宿」は甲州街道沿いにある。

甲州街道にはかつて38の宿場があり、蔦木宿はそのうちのひとつだった。宿場町として栄え、本陣1軒、脇本陣1軒、旅籠が15軒あり、信州の玄関口に当たる宿場としてにぎやかだった。本陣跡は道の駅から700メートルほど離れた街道沿いに門のみが残る。

中央自動車道・小淵沢ICを下りて、県道11号線、国道20号を走ると6分で到着。山梨県との県境近くにある。ICから山梨側へ行けば、道の駅「こぶちさわ」（P224）。どちらの道の駅にも温泉がありお気に入りだが、泉質は信州蔦木宿のほうが好みである。

自然に囲まれた天然温泉「つたの湯」の露天風呂で体を芯から温める。

道の駅の駐車場は普通車、大型車を合わせると100台分を超える広さ。以前、温泉目当てに立ち寄り、そのまま車中泊したことがある。ここは車中泊人気が高く、トイレ前の駐車スペースはミニバンなどで埋まっていた。少し離れた大型車寄りのスペースに停めたが、トラックが夜通しエンジンを掛けっぱなしにしていて、音が気になり熟睡できなかった経験がある。

建物は、蔦木宿本陣をイメージしている。「天然温泉つたの湯」の看板がかかる入口をくぐると、右に食事処、直売所、そして正面に温泉施設がある。食事処「てのひら館」の一番人気は地元産のそば粉を使った手打ちそば。やはり信州といえばそばだ。10割そばも食べられる。

宿場風の落ち着いた雰囲気が長旅の疲れを癒やす。湯上がりですするそばも最高だ。

ここでお得な情報を紹介したい。食事は温泉とセットにすると割引になるのだ。温泉入口でチケットを購入するときに、入浴券と天丼やそばなどがセットになったものを購入すると200~250円お得になる。食事は入浴前でも、後でもOKだ。

直売所は大きくはないが、朝採りの野菜や地元の加工食品などを扱う。お土産品は長野県の商品とともに、山梨県のものも販売していた。

さて、お楽しみの「温泉」だ。源泉掛け流し温泉「つたの湯」は、大浴場、源泉風呂、ジャグジーバス、サウナ、露天風呂など風呂の種類が豊富。ただ源泉風呂が混む。浴槽が小さくて大勢は入れないのだ。混み具合を横目で見ながら、時間を潰していたのだが、タイミングがなかなか合わない。

やっと人の切れ目を見つけて入ってみた。大浴場のお湯にくらべると、ぬるめのお風呂でいつまでも入っていられる気がする。しかし、長時間入っていると湯あたりすると注意書きにあったので、注意しよう。少し塩っ気を感じる温泉だった。

休憩室は大きく、１００名まで入れる。飲み物、食べ物の持ち込みＯＫだ。直売所などで買ったものでも、家から持ってきたものでもいい。道の駅オープン以来人気の整体室では本格的な整体が受けられる。15分のプチプチコースは１０００円、60分のとことんコースは６０００円だ。

源泉風呂に入って、手打ちそばを食べて、休憩室でくつろぐ。これだけで信州を堪能するリラックスの半日旅が満喫できる。

50 信州蔦木宿

住所 長野県諏訪郡富士見町落合1984-1
電話 0266-61-8222
駐車台数 普通車用90台
大型車用18台
障害者用４台

主な施設
- 農産物直売所（営8時〜20時［10〜５月は９時〜18時］ 休火曜）
- つたの湯（営10時〜22時［最終受付21時30分］ 休火曜 料大人600円）

おわりに

この本の執筆が大詰めを迎えた2019年3月19日に、国土交通省から新しい道の駅が発表された。合計9カ所で、内訳は、北海道2カ所、宮城県2カ所、愛知県1カ所、鳥取県1カ所、熊本県2カ所、大分県1カ所である。道の駅が毎年増え続けているという事実は、意外と知られていない。

道の駅ができたのは1993年。年号でいえば平成5年のこと。そして2019年の4月末で平成が終わる。全国の道の駅を巡り続け、平成最後の年に初めての著書を出せることをたいへん嬉しく思っている。

執筆を終えたいま、私は道の駅の旅に一区切りつけるため〝平成にできた道の駅を平成中に回る〟という個人的なプロジェクトを実行中である。新たに発表された9カ所のうち、平成中にオープンするのは、北海道「あびらD51ステーション」と宮城県「かくだ」の2カ所。昨年と一昨年に新規オープンしてまだ行けていない道の駅にこの2カ所を追加して巡る予定だ。

まさに道の駅が〝目的地〟となった旅である。道の駅はどんどん増えていくので、未踏駅を制覇する楽しみを毎年味わえるのがいい。

この書籍では首都圏内を出発して、「半日旅」が楽しめる道の駅50スポットを厳選して紹介した。これはこれで素晴らしいと思うが、全国には魅力的な道の駅が、まだまだたくさんある。それはまた別の機会があれば、ぜひ紹介したい。それほど、道の駅は半日旅にうってつけのなのだ。

お気に入りの道の駅を見つけたら、ヒマを見つけて、何度も訪れてほしい。季節によって販売している野菜が変わり、そのときどきの旬の食べ物を味わえる。もちろん四季に応じて、車窓の風景も変わっていく。わざわざ出かける道の駅だからこそ、その地域の旬や景色を満喫することができるのである。

2019年3月

浅井佑一

首都圏「道の駅」ぶらり半日旅

2019年4月25日　初版発行

著者　浅井佑一

浅井佑一（あさい・ゆういち）
1971年埼玉県生まれ。2014年に約20年間勤めたキャンピングカー雑誌『オートキャンパー』（八重洲出版）から独立し、道の駅行脚をスタート。2年以上かけて1059カ所を回り、当時の全国制覇認定を受ける。昨年秋に旅を再開。認定以降にオープンした道の駅を含めた完走を目指し、キャンピングカーで車中泊しながら巡っている。

【本文写真】
和田浦WA・O！（P26）、水の郷さわら（P37～P39）、南房パラダイス（P47・P48・P50）、オライはすぬま（P60）、とみうら 枇杷倶楽部（P68）、奥久慈だいご（P85・P88）、もてぎ（P93・P94）、きつれがわ（P97～P99）、うつのみやろまんちっく村（P103・P104）、アグリパークゆめすぎと（P130・P131）、俺の空／PIXTA（P136）、川口・あんぎょう（P141）、いちごの里よしみ（P147・P150）、庄和（P153）、ぐりーんふらわー牧場・大胡（P162・P164）、川場田園プラザ（P167・P168・P170）、みなかみ水紀行館（P175）、よしおか温泉（P179～P182）、六合（P185～P188）、箱根峠（P200）、富士吉田（P207・P210）、なるさわ（P213・P216）、こすげ（P231・P234）、開国下田みなと（P241・P242）、富士川楽座（P247～P250）、川根温泉（P253・P256）、朝霧高原（P259～P262）、伊東マリンタウン（P266）、富士（P271）、奥大井音戯の郷（P281～P283）、上田 道と川の駅 おとぎの里（P292）、ぽかぽかランド美麻（P297・P298）、信州蔦木宿（P315）

発行者　横内正昭
編集人　内田克弥
発行所　株式会社ワニブックス
〒150-8482
東京都渋谷区恵比寿4-4-9えびす大黒ビル
電話　03-5449-2711（代表）
03-5449-2716（編集部）

装丁　橘田浩志（アティック）
カバーデザイン　小口翔平＋谷田優里（tobufune）
本文デザイン　斎藤充（クロロス）
構成　菅野徹
地図　ウエイド
校正　東京出版サービスセンター
編集　小島一平＋中野賢也（ワニブックス）
印刷所　凸版印刷株式会社
DTP　有限会社 Sun Creative
製本所　ナショナル製本

ISBN 978-4-8470-6624-5
ワニブックスHP　http://www.wani.co.jp/
WANI BOOKOUT　http://www.wanibookout.com/